The Miroku Vibration

ミロクの響き

笑《エ》ネルギーを満タンにして
いざ弥勒の世へ

福田純子
Junko Fukuda

ヒカルランド

宇宙は響き、波動です。
あなたは、自らの宇宙に
どんなバイブレーションを響かせますか？

私たちは8000兆個の微生物の塊。
8000兆個は、どのようなエネルギーの微生物か、
それが一人の人間という小宇宙の波動を決めていきます。

空海は「人間は単なる増幅装置にすぎない」と位置付けました。

今は2つの道しかないのです。

腐敗か――
発酵か――

「富士山を描いてください」と言うと、
Aのように描く人もいれば、Bのように描く人もいます。
どちらも間違いではありません。
物事を平面的にみることに囚《とら》われていると、
違いを主張する意識の箱に入り続けることになります。

心をニュートラルにして、0《ゼロ》の意識へ――
事実を事実としてただ見たときに、開く扉があります。

感謝とは
プラスとマイナスの感情が統合されて中和したときに現れる
ニュートラルなエネルギーです。

晴れてもよし曇りでもよし富士の山
もとの姿はかわらざりけり
――白隠禅師――

一人ひとりの中に、
まことブレることなき神がいることを見抜く力を
「観る」といいます。

相手は人鏡。
相手を通して自分を「観た」瞬間に、微笑みが成り立ちます。

外の中に自分を「観て」、溶けていく状態——
あなたが私で、私があなたになる瞬間、
立体宇宙と繋がる「ミロクの響き」が広がります。

弥勒の微笑み道

笑顔とは、落差を埋めて統合する力、
二極性のものは一つであると知ってしまったエネルギーです。

著者
着物：蒔絵友禅作家・澤井豊泉作

ミロクの響き◉目次

序文　天とさしむかう祈りの時代の到来……17

第1章　369の世の幕開け……23

「笑顔」という大変な札の実践　24
笑顔共和国で「自前の平和作り」の伝染を　25
令和の鐘——超確率現象の連続のはじまり　28
人生の運転から操縦へ　30
グループ意識の力　33
人間の毒は生物まで殺す　35
笑顔とは落差を埋めて統合する力　36

37 「ありがとう」の行き来する間の文化
38 人と人との間に咲く花
40 江戸しぐさ
42 混沌の中の黄金律
43 不完全なものを不完全なまま抱え込める力
45 ありのままに見る
46 意識の不思議
49 今を突き抜ける0・1の弥勒意識
51 純真無垢とは
53 笑顔の一語一恵

第2章 懺悔の王道　泣き弥勒……55

56 五臓六腑と7つのチャクラを開いた未来人類の集合意識
57 弥勒の微笑み——泣き弥勒の存在

58 未来仏　弥勒如来
60 弥勒菩薩立像との出会い
63 懺悔の道へ
65 懺悔の喜びは半端ない
66 「祈り」とひきつけの原理
68 真っ黒い壁の真っ黒いドア
69 弥勒意識の道具となるまで
70 だからこそ頑張る「こそ立て＝子育て」
72 天則違反
73 「運命好転学」の誕生へ
76 笑顔の一語一恵

第3章 運命好転学――封印された自己申告書

運命好転学――封印された自己申告書……79
80 印象的な相談

運命好転学とは 84
封印された自己申告書 85
人生の縦糸／天命と宿命 86
人生の横糸／運命 87
まるごと体験知 88
すべてを捨てず味わう芸術的生き方 89
生と死／究極の二元世界 91
羅針盤に見る強弱の波 93
「春」チャレンジ・努力・決断／種をまく 94
「夏」摩擦・開花・浮遊／謙虚に花を咲かせよう 95
「秋」再挑戦・財勢・収穫／実るほど頭を垂れて 97
「冬」省察・ゼロ・整理／天と握手する最も尊いとき 98
「ゼロ」はどこでもドアが開くチャンス 100
お手上げで全託する 101
笑顔の一語一恵 104

第4章 ミロクの響き／それは人ができる神の仕事……107

自分自身の3つのテーマ 108
虚の世界に響く、おかげさまの心 110
自分がイヤシロチになる 111
錬金術師の正体は微生物 113
地球全体を覆うくらい大きくて小さな不思議な国 115
8000兆個の微生物が住む小宇宙 117
自我を落として覚醒へ 119
究極の自我 120
自分自身を何％愛していますか？ 121
相手を通して自分を見る 123
人ができる神の仕事 124
[詩] 弥勒の微笑み／宇宙／人間／光と影／コズミックスマイル／笑心

第5章　弥勒意識Q&A……131

PART1 神様のひねり技を愛で読み解く　132

132 互いの魂で語り合う
136 次元上昇には下りていく生き方
137 神様のひねり技を愛で読み解く時代
138 すべてのものを生かし切るエネルギー
140 チャンスはピンチの顔をしてやってくる
142 目で見る不確かな世界／真の姿とは？
146 悟りとは差を取ること
148 魂のスタミナ
150 写し鏡と引きこもりの娘

PART 2

認知症の母との最期のレッスン　お母さんありがとう　154

山田雅人さんを迎えて　154
素直の初段　159
超個性派家族に生まれた宿命　160
「いとしき体いとしき命」と読めるかどうか　163
やることなすこと文句をつける妻へ　164
認知症の母との最期のレッスン　167
私は幸せ　179
たこ焼きポーンでうっかり幸せに咲く笑顔　184
幸せを呼ぶ5つの愛言葉　187
おわりに　―「すべてはある」から始まる弥勒の世―　188

表紙絵＆本文絵　萩原貞行
カバーデザイン　長坂勇司
編集協力　宮田速記
校正　鷗来堂
本文仮名書体　文麗仮名（キャップス）

序文　天とさしむかう祈りの時代の到来

物の時代は何でも「物差し」、心の時代は「こころざし」。

そして令和になり、いよいよ天と「さしむかう」祈りの時代の本番がやってきました。


かつての「物の時代」は、すべてを「物差し」ではかりました。バブル時代はお金がすべての指標になってお金の「物差し」ではかられました。

「心の時代」は、「志」が基準です。「志」を持つと、人生は心が指しているほうへ向かい、終わることなき永遠の旅へと誘われます。


そして今、心の時代から滑走路を飛び出して、大空を自由に羽ばたく次元の違う世界へと地球は突入しました。

平面から立体へ、宇宙意識に開かれていく、アセンションの時。

人類が新たな次元の扉を開ける、まさにその時が始まっています。

アセンション——それは、大いなる宇宙の中で展開する壮大なプロセスです。

だからこそ、令和の時は、天とさしむかう「祈りの時代」と言えます。

宗教、宗派の隔てなく、一人ひとりが直接「大いなる存在＝サムシンググレート」とさしむかう時といえるでしょう。

ひと昔前までは、神様や仏様のことを話すと「何か宗教ではないか」と怪訝《けげん》な顔をされる方も多かったのですが、最近は宗教の枠を超えて、「祈り」の大切さを多くの方が語るようになりました。

「祈り」とは「意乗り」と読み替えることができます。

意味を知り、その意味に乗るのが「祈り」です。出来事には意味はないと言う方もいますが、起こった出来事に意味をつけているのは、人間側がやっていることなのです。

私は、50年近く弥勒意識にチューニングし、「弥勒菩薩の微笑み道」を実践してきました。

弥勒様は、私の笑顔人生の道標《みちしるべ》です。

特に日本の国宝第1号である弥勒菩薩半跏思惟《はんかしい》像は「微笑み仏」として広く知られています。変容の時代を迎え、未来仏弥勒は若い世代からも注目を集めるようになりました。

私が弥勒菩薩に初めて出会ったのは、19歳のときでした。

京都一人旅で広隆寺へ行き、弥勒菩薩を目にしたときに、涙が止まりませんでした。気が付けばその場で1時間立ち尽くしていました。

ふっと自分の中で浮かんだ言葉は、「宇宙に咲く1輪の花となる、弥勒様のように一遇を照らせる人となりたい」という思いでした。

それ以来、弥勒菩薩をリスペクトし目標として生きてきましたが、「弥勒の微笑み」を目指して行けば行くほど、逆説的な人生も訪れました。

私は、優秀に生きた人間ではありません。凸凹の道で、頭を打ったり、嫉妬されたり、いろいろ経験する中から、とても大事なものがあるんだということに気づきました。

今思えば、それらはすべて、弥勒意識に通じるために用意された課題だったとわかります。

これからは、周囲の情報で一喜一憂するのは卒業です。

自分の中に既にあるものに自分が気づいていくことが「覚醒」だと、私は思っています。

一人ひとりが自己に目覚めて、歩いていく。

その道において出会う人は、上も下もなく、仲間なのです。

そこにはただ、宇宙の秩序があるだけ。宇宙の秩序とこの世のルールの履き違えを起こさないことが弥勒意識へのカギを握っています。

弥勒の世の波乗りには、「祈り＝意乗り」と「笑顔」が大きな助けとなります。

本書では、私が「弥勒の微笑み道」を実践する中で気づき、手にしてきた「弥勒意識覚醒」への秘訣をお伝えしていきます。

「信じる」と「者」と書いて「信者」、さらに一つの漢字にすると「儲かる」でしょう。誰かの信者となって儲かるツールになる生き方は卒業しませんか。

覚者とは、目覚める者。何に目覚めるのかといえば、自分自身にです。

それには、早起こしの原理を使います。

寝ているときに火事になると、日本人は、起きない人から起こそうとして、結果的に全員起きるのが遅くなってしまいます。100人寝ていて火事になったとき、起きる人から起こす。起きた人がまた別の人を起こす。1人が2人、4人。起きる人から起こす。8人。16人。倍々ゲームで一気に起きる。これが早起こしの原理です。

覚醒にも同じ原理が働きます。そして、覚醒にも旬がある。今、覚醒の旬なのですね。

その時期を見逃さないように、魂の仲間と共に目覚めの合図を送ります。

すばらしい表紙と挿絵を描いてくださったミロクアーティストの萩原貞行さん、

俳優で語りの名人、山田雅人さん。共に意識で繋がりあう仲間です。

私たちからの合図は、宇宙に通じる笑《ェ》ネルギーがたっぷり入ったオーケストラの楽曲です。ミロクのバイブレーションをぜひ最後までお楽しみください。

福田純子

第１章　３６９の世の幕開け

「笑顔」という大変な札の実践

私が「笑顔道」を実践してきた半世紀は、「真の笑顔＝弥勒の微笑み」の奥深さを知り、腑に落としていく旅でした。


私が大変尊敬する王麗華先生という弥勒様のような方がいらっしゃいます。

その方がかつて「笑顔という大変な札をお引きになりましたね」とおっしゃったとき、

「えっ、笑顔ってそんなに大変なのかしら？」と思いました。

35年程前のことですが、その当時はわかりもしませんでした。

笑顔一本道で歩き続ける中にいろんなドラマがありました。

私はメッセンジャーではなく実践あるのみの実践ジャーです。笑顔を自分軸に置いて、ひたすら笑顔し続けました。

「大変な札だ」と王麗華先生がおっしゃった意味が、今になって身に染みてわかります。

笑顔とひとことで言っても、写真に写る素敵な笑顔という外側のことを指しているのではありませんでした。半世紀実践を続けた今、わかったことがあります。

真の笑顔とは宇宙意識に通じる響きであり、
「超確率現象」を引き起こす「空間をひずませる力」そのものだということです。

量子力学において、「観測しない限り人間と人間の宇宙は存在しない」という定義が発表された今、「弥勒の微笑み」を実践すれば、人が奇跡と呼ぶ現象は、奇跡ではなく、実は誰もが創造できる科学であるということがわかってきました。

笑顔共和国で「自前の平和作り」の伝染を

弥勒を追い求めてひたすら笑顔の道を歩いていく中、１９８７年には文化団体「笑顔共和国」が誕生しました。「笑顔共和国」の意図は、「自前の平和作り」の伝染です。

１人の人が平和になれば、誰も傷つけることなく世界に１つ、平和が実現する。
それを１人、２人とふやしていこうというのが、笑顔共和国の平和運動だったのです。

今でこそ、意識の時代と言われますが、当時は、

「何？　どういう組織？」

「組織ではありません。意識です」

「会費はあるの？」

「会費ではなくて、笑うと得する税金、笑得税《しょうとくぜい》で登録すると、国民は一生会費なしです」

「あなた、会費なしで何をやろうとしているの？」

「笑顔共和国に登録し、笑顔共和国という意識を持って、その人がお医者様で手術するならばそれが笑顔共和国の活動ですし、運転手さんが笑顔でお客様を乗せて運ぶことも、主婦が楽しく家事をすることも、それは笑顔共和国の活動となります。笑顔意識を持ってする全ての行動が、笑顔共和国の活動そのものなのです。そして最終目標は国がなくなること。笑顔共和国と言わなくてもみんながニコニコ出来る社会の実現を目指しています」

そう説明すると「わけがわからない」とよく言われました。


きっかけになった1冊の本があります。

マリリン・ファーガソンの『アクエリアン革命』という本です。

そこには、こうありました。

「今は業界の集いでしかないけれど、例えば医学界やスポーツ界といった行為・役割でくくられたサークルでしかないけれど、やがて人々は意識によって集い始める。それを『コンスピラシー＝見えない企み』と位置づける」と。

それが、笑顔共和国という国造りのきっかけでした。

一人ひとりが自らの中に平和を実現していく、笑顔で繋がる意識集団をつくろう。

こうして文化団体「笑顔共和国」を設立し、大統領として1歩を踏み出したのです。

笑顔の種まき活動をすすめ、全国での講演活動が全盛の頃、2人のマネージャーに支えられていましたが、奇《く》しくもその2人の名前が京都や弥勒菩薩に縁の深い「秦」と「加茂」であったのも、弥勒の微笑みを意識し続けることで導かれたのだと思います。

今こうして振り返ると、光への道、未来への扉を開く鍵が笑顔にはあることを弥勒の微笑みに教えられました。

令和の鐘――超確率現象の連続のはじまり

こうして歩んできた笑顔の道の感触が、今ここにきて肌感覚でわかるくらい、令和に入って変わりました。

私においては、突然、「超確率現象」の連続が始まりました。

思ったことがそのまま現実化するスピードが余りにも速い。

これを人は奇跡と呼ぶのだと思います。

例えば、「あの人に会いたいな、連絡しよう」と思った瞬間に、信号の向こうからその人がやってきて、「あなたに今、電話しようと思っていたのよ」と言われる。笑顔共和国の拠点があると良いなと思えば、奇跡的なことの連続であっという間に最も理想的な形で実現する。しかも56億7千万のミロクを意識して生まれた㈱コロナ（5・6・7）の内田力会長との出会いから、みんなの家財団のサポートを得てウェブスタジオまで出来るなど、そんな出来事が頻繁に起きています。ご縁によって、思ったことが現実化するスピードがとても速くなっていると、体感しています。

令和に入り、なぜ「超確率現象」が頻繁におきるようになったのでしょう。

令和という言葉の響きにもたくさんのものが秘められていて、レイワ、レイワと繰り返していくと、2つの意味が見えてきます。

1つは、「我は我」という意味。もう1つは「我々」という意味です。

つまり、自立連帯です。

昔は機関車が客車を引っ張っていましたから、そんなに速くはありませんでしたが、新幹線は1両1両にエンジンがついています。つまり1両1両でも走れるものが、連帯して走るからより速く目的地を目指せます。

令和は自立連帯の時代なのです。

自分軸をしっかりと持っている個が、響き合い繋がっていく。

これからは、この人に一生ついていくというのではなくて、大いなる宇宙の運行における1つの働きによって、ご縁が繋がりジョイントしていく、コラボしていく。出会いこそ、宇宙が用意した超確率現象と言えるのではないでしょうか。

令和は、まさに意識によって人と人とのご縁が繋がり、新しい可能性がスピーディーに

現実化していく時代です。ますますこれから価値観が入れかわることでしょう。

人生の運転から操縦へ

令和時代のエネルギーに乗るコツは、人生の「操縦法」を身につけていくことです。

運転と操縦は違います。

運転は「ルールに従って複雑な機械を動力と繋いで働かせること」

レールのある電車も新幹線も運転と言います。自動車もどんなに便利なようでも断崖絶壁から先は進めません。道のあるところまでしか走れませんから運転です。

しかし船や滑走路から飛び立つ飛行機は操縦と言います。

操縦とは「自由自在に操ること」

つまり海も空もひとつながりの世界を行き来するものを操縦というのです。代行運転はあっても代行操縦はありませんね。私たちの人生もまた運転法に止まらず、操縦法を身につけて自由自在に自分の人生を自分で操りながら自立していきましょう。

「令和」は自立連帯とお伝えしました。

別の言い方をすれば、
すべては一つに繋がった世界を感じて、
地球生命体の一細胞として自分軸を立てた人々の活躍する時代、
それが令和時代なのです。

次の中であなたが変だなと思う部分がありますか？

『お父さんが息子を乗せて高速道路を走っていました。そこで大きな事故に巻き込まれ救急車で運ばれるのですが、残念ながらその救急車の中でお父さんは息を引き取ってしまいます。息子は急ぎ病院の手術室に運ばれました。すると外科のお医者様が現れてびっくりして一言！「この子は私の子だ！」と叫んだのです』

さて何かおかしいと思ったところはありますか？

「お父さんが救急車の中で亡くなったのにお医者様が自分の子となぜ言うんだろう？」

そこに疑問を持った人が多いのではないでしょうか。外科の医者と言われただけで男性と思い込んではいませんか？　実はそのお医者様は女医さんでお母さんだったのです。

人間の脳の中にも、考える道筋ができてしまっています。

思い込み、刷り込み、ある意味では洗脳も含めて、潜在意識の中である行きなれた道をもっているのが人間です。私たちはそこを運転して、行ったり来たりを繰り返しています。

今というときは、このルートを滑走路にして、自由な空へと飛び立っていくときです。

そのために操縦法を身につけませんか？


私のもとに相談に見える方の中には、自分でほっぺたをつまんで、

「このほっぺがとても痛いんです何とかしてください」とやってくる人がいます。

「あなたが自分でつまんでいるのですから手を離したらいいんですよ」と言っても、

「いいえこれだけはダメなんです」と執着する人がいるのです。

人生はすべて自分から発せられたものが現実化しているのですから、今こそその囚われを外して自由自在にあなたの人生を操縦していきましょう。

全体意識によって覚醒しやすくなっているのが、今という令和のとき。

運転から操縦へ、今、三次元の意識から飛び立つチャンスの時なのです。

グループ意識の力

私にはエッセイスト、笑顔の発信人としての顔の他に、運勢を読み解く鑑定士という一面もあります。波乱万丈度90度とまで言われた人生を生きてきたことで、2年前に「運命好転学」と名付けたオリジナルの読み解き術が生まれました。

私たちは、壮大なる宇宙エネルギーの影響を受けながら地球体験を楽しんでいます。一人ひとりが前提としてもっている宇宙の陰陽配置、チャージされたエネルギー特性を読み解いていくと、人生での出来事は偶然ではなく、必然で起こっていたことが見事にわかります。この「人生の羅針盤」をお渡ししながら、運命を自ら好転させるためのポイント、そして弥勒意識へと開く秘訣をお伝えする「弥勒意識覚醒講座」を行っています。

マンツーマンの個人カウンセリングのほうがいいでしょうとよく思われるのですが、不思議なことに、グループで一緒に学んだほうが覚醒が早いようです。

例えば、お片付けをするとき、1人でコツコツとするよりも2人になれば3人、4人分の力を発揮しますね。

集合意識は足し算を超えて掛け算となっていくのです。意識が集まった時の力は想像を超えています。

こんな話を聞いたことがあります。

大きな台風の被害にあったその当時、高校生が集まってチャリティーコンサートをしようと立ち上がりましたが、受験生であったため、先生から「そんな時間があるなら勉強しなさい」と叱られてしまいます。すると半数が止め、半分の受験生は「決めたことだからやり抜こう」と実行しました。翌春大学の合格発表の日、驚いたことに止めた人の方が落ちて、コンサートをやり抜いた人が全員合格したというお話です。

このようなことは世の中にいっぱいあります。チクセントミハイのフロー精神、全体意識です。覚醒においては、集合意識がとても大事なのです。

こうしたことから、今は個人鑑定も致しますが、5人以上集まれば全国どこでも伺いますという「弥勒意識覚醒講座」を開講しています。

人間の毒は生物まで殺す

人間は、血の循環と気の循環と水の循環、３つの循環がきれいにできることを健康といいます。**体内の４分の３近くを占めると言われる水に対して、どのような振動を与えるかはとても大切です。**お水も、置いておくと腐りますが、動かし続ける限り、飲めますね。振動で響き合いながら、自分自身も元気になり、相手も元気にしていくのです。

人間の毒は生物まで殺すという実験データがあります。

アメリカの心理学者のエルマ・ゲイツ博士は、人間の吐き出す息を使って、次のような実験をしました。人間が吐き出す息を冷却したガラス管に集め、液体空気で冷やすと、沈殿物ができます。人間の感情の状態によって、驚くべきことが起こったのです。

健全な人間の吐き出す息は無色、

怒っているときの息の沈殿物は栗色。

悲しんでいるときの息の沈殿物は灰色。

後悔して苦しんでいるときの息の沈殿物は淡紅色。

博士が栗色の沈殿物を水に溶かし、ネズミに注射したところ、わずか数分でネズミは死んでしまいました。もし1人の人間が1時間腹を立て続けると、なんと80人の人間を殺すことが可能な毒物が発生すると言います。

また、私たちの血液は、怒ると黒褐色で渋くなる、悲しむと茶褐色で苦くなる、恐れると紫色で酸っぱくなると言われています。

ということは、いつもニコニコしていると、健康でいられるということなのです。

笑顔とは落差を埋めて統合する力

「笑顔とは？」と聞かれたら、一言で言うなら「落差を埋めて統合する力」だと答えます。

問題が起きた時「あなたはあなた」「私は私」と主張するより「私たちの問題」とすれば明るく解決できます。男だ女だと論ずることより共に人間として語り合えば笑顔が増えますね。日本の裏側、遠いブラジルほどの距離のあるものを埋めていく力なんですね。そこにパッと光が差す瞬間がある。

笑顔そのものは、二極性のものは1つであるということを知ってしまったエネルギーです。一元のエネルギーですから、差を埋めて一つに統合できるのです。

「笑顔のつくり方」など形から入ることも大切ですが、見た目には素敵な笑顔を作っていても、それだけでは到達しえない領域があります。それが「笑顔道」であり、実に奥深い世界です。

一元のエネルギーである笑顔に触れたとき、空間に響きが生まれます。

その「間」に生まれる響きこそが、人と人との間に生まれる大切な文化です。

「ありがとう」の行き来する間の文化

弥勒の響きでお伝えしたい源流に「大和心」があります。

大和心を一言で言うと「間《ま》の文化」です。縁側文化ですね。縁側というのは非常に素晴らしい空間だと思います。それは、上でもなく、下でもない。中でもなく、外でもない。間の文化です。

半分だけ、腰をかけて、上がるでもなく上がらぬでもなく、その状態で家の中を見るともなく見、感じ取る。「おじいちゃん、風邪引いたの？　あら、咳がいっぱい出てるね。私、梅干し焼いて持ってきてあげるわ」と察してすっと動く。

「ありがとう。助かるわ」と言って、「この大根、今、取り立てだけど、持ってって」。「ありがとう」と言って物々交換になります。縁側でのやりとりの中で「ありがとう」が飛び交うのです。

暖流と寒流のあいだにおいしい魚がいっぱい棲むように、内と外の交わる縁側で、おおらかな心、豊かな心、温かい心がお互いの暮らしの中に活き活きと通い合っていたものです。内と外が自然に溶け合う空間。そうした「間」が生活の中に溢《あふ》れていました。

私は、これが日本の和の文化であり、大和心だと思っているのです。

人と人との間に咲く花

諸外国の方が日本の何に一番興味を持っているかというと、ゲームやマンガだけでなく日本人そのものなのです。今世界中が、日本人の「和の力」に注目しています。

千利休の教えの中に、

「点前《てまえ》には重きを軽く軽きを重く扱う味わいを知れ」という言葉があります。

重いものを重そうに持っていると、スマートではありません。また軽いものを軽々しく扱うと、品がないですね。軽いものこそ、丁寧に取り扱っていく。バランス感覚です。

「重きを軽く軽きを重く」そこに生まれる味わいを知る。これは間の力でもあります。

空間の調和や優美さを大切にする在り方とは、すべては繋がっていると知っていることなのです。

マホメットの言葉に、「善行とは、相手の面上に微笑みを浮かべる行為である」とあります。

自分だけが素敵な笑顔になることが真の笑顔ではありません。笑顔は人と人との間に咲く花のようなものなのです。響きあう中にこそ真の笑顔が存在します。

「先生、そんなことを言わずに、もっと具体的にノウハウを教えてください」とかつては言われたこともありました。具体的な研修であれば、おじぎは何十度と度数を言うのが一般的ですが、私はマナー研修などで「頭を下げるのではなくて、心を下げましょう、そうすれば立派なおじぎができます」と伝えます。

宇宙に響いているのは、技術ではなく、意識なのです。

江戸しぐさ

265年と7カ月続いた江戸時代。江戸の町は世界一の人口密度だったといわれます。その中でつつがなく生活していくために、間とか空間を大事にした「江戸しぐさ」が生まれました。

江戸には日本中から人が集まってくるので非常に往来が激しい。

そこで生まれたのが「肩引き」といって、すれ違いざまに肩が当たらないようにすっと肩を引くしぐさ。「傘かしげ」といって、雨の日でも相手に雫《しずく》が当たらないように傘をかしげて歩くといった、空間の文化を生んでいったのです。

寄合船の出発寸前に、「乗せてください」と駆け込み客がやってきたとき、すでに行こうとしていたにもかかわらず、乗っていた人たちがさっと察知して、こぶし1つ腰を上げて寄り合ってちょいと詰める。いともたやすく1人を入れてあげる。これを「こぶし腰浮かせ」といいます。その後が面白い。いざ出発するときに、乗せてもらった人は、船全体の人に「すまない目つきをしろ」というのです。心の中で「どうもすみませんでした」と目配せをする。すると、船全体の人が「大丈夫ですよ」と言わんばかりに、「いいんだよ目つきで返せ」というのです。目で会話するその風景が何ともほほえましいですね。

私が一番感動した江戸しぐさは、「うかつ謝り」です。誰かに足を踏まれて「痛い」というとき、今の人だったら、踏んだ人が悪いとにらみつけたりします。ところが江戸時代の人は踏まれたときにどうしたか。踏んだ人は当然、「すみません」と謝るでしょう。すると、その人以上に「いいえ、とんでもございません。こちらこそ、本当にうっかりしておりました」と踏まれた人が深々と頭を下げるのです。

これは、相手に対する配慮はもとより、「あっ、踏まれるな」と先に察知して、よけられずにまざまざと踏まれてしまった、感性の鈍い自分への反省なんですね。自分の感性を、人と人との距離感を通して学んでいった。間に愛和の意識をおいていた時代です。

縄文から始まり、江戸の文化で花開き、そして令和で完成です。

大和心の完成であり、縄文の心の復活であり、それこそがミロク世界の実現だということではないでしょうか。令和の時代は、大和心を再び取り戻せる時代です。

混沌の中の黄金律

ベトナムに行く機会があって、ハノイの町である発見をしました。

ハノイの道路の状況は、日本とは違って、自動車とバイクと自転車と人力自転車のシクロが渾然一体となって道路いっぱいに走っているのです。

日本では譲り合いの精神といいますが、ハノイにはそういうものはありません。信号すらあまり守られることなく、何の精神があるかといえば、突っ込み勝ち精神と教えられてビックリしました。

人力自転車に乗ったとき、車がすれすれに走るので、最初はハラハラでした。ところがだんだん慣れてくると、この間のとり方、黄金律に快感を覚えていく。それぞれがみんな突っ込むのですが、ベトナムの人はいかに突っ込まれてもイライラしないんです。当たり前と思っている。だから、事故がないというのです。

自動車とバイクと自転車とシクロが渾然一体となって、歩行者すら信号も守らないのに事故も起こさずに成り立っている道路を見たときに、これは宇宙の秩序だと思ったのですね。本当にびっくりしました。

日本はルールをつくり、譲り合いの精神という精神性もつくっているにもかかわらず、事故が多い。なのに、どうしてこんなに混沌たる道路の中で事故を起こさずに過ごせているのでしょう。これはどこかで宇宙の運行と同じような間合いがあるのだろう、と思いました。

不完全なものを不完全なまま抱え込める力

聖徳太子の教えである「和をもって尊しとなす」の和には、「争って争わない」という原点があります。

「まあまあ、丸くおさめましょう」と手をこすりながら言っているのが和ではありません。**争って争わない、違いこそ認め合うというのが和なのです。**

これが、聖徳太子のころからの大和の和の教えです。

「仲よくしようね」と言っているグループほど、そうでなかったりしますね。仲がいい人たちは、互いの心を正直に伝えあって時には喧嘩しながらも仲がいいものです。

仲がいいということを意識しなくても、それで成り立っている。

日本人の大和心、和の心というのは、本来はもっとおおらかなるものです。

多分、縄文のころもそうだったと思います。もっとおおらかに、もっと穏やかに、のほほんと生きる世界は心の器の大きさと関係しています。

不完全なものを不完全なまま抱え込める力、これが人間の度量なのです。


ある時こんな話題になりました。

「人の性格を天気に例えるとするならば一番の理想の天気は何？」という問いに対して、幾人もの人が、

「それはやっぱり晴れ。青空と太陽、これに限るよね」と答えました。私はそれを聞いて、

「私の理想は、ノー天気」と言ったんです（笑）。

雨も風も太陽も青空も、すべてがオーケー、丸ごと楽しむこのノー天気の心こそ理想的な姿ではないでしょうか。

ありのままに見る

例えば、耳が長くて、目が赤くて、尻尾が丸くて、ピョンピョン跳ぶ。何か動物が出てきましたか？　そうですね、ウサギ。これが、あるがままに見て出る答えです。

ところが「耳が長くて……」と言っただけで「ロバ」と決めつけてしまうとどうでしょう。

「目が赤いんだよ」「疲れたら目も赤くなる」

「ピョンピョン跳ぶ」「跳ぶよ。後ろ脚で跳ねるじゃないか」

全然違うものを見てしまう。つまり、あまりに短絡的思考だと局面ずれしてしまいます。

自分の概念だけで決めて固定化してしまって、あとのものは受け付けないときこそゆっくりと呼吸するゆとりが欲しいですね。

何事も大らかに「あっそう、あっそう、あっそうそう」と響きあって行きましょう。


あるがままに事態を見ることができる力は、意識次元を上げる上でとても大切です。

例えば、戦争映画やホラー映画を見るとハラハラしたり恐ろしい思いをしますが、あくまでもそれを見ている側は、肉体と感情を切り離しているはずです。

恐ろしい感情に支配されるのではなく、客観視というより、事態を事態としてただ見る。あるがままに事態を見ることができる力は、感情と肉体を切り離すことでできるのです。この世は虚の世界なのですから……

意識の不思議

意識というのは不思議なもので、あるとき、マゼランが大航海時代にフエゴ島というところに着いて、船員たちは島を歩きまわりました。ところが、フエゴ島の人は、誰ひとりとも船員たちを見ることはなかったという話があります。外から来る大きな船や島外からやってくる人はフエゴ島民の意識に存在してない。だから、見ることがなかったという逸話です。

5㎞の路離に何個ポストがあるかと意識しなければ目に止まることはないでしょうし、イライラして街を歩いている人は穏やかに人々の幸せを願って笑顔している人は目に入らないのです。

意識の話でもう1つ、別の角度からお話ししましょう。

「夢の中で刺さったトゲは夢の中でしか取れない」

霊的なことについて私はこのように思います。

夢で刺さったトゲを病院に行っても取ってはもらえませんね。

例えば「狐がついた」と思って苦しんでいる人に「今どき、そんなことあるはずないじゃない」と言ってもその人の意識に住んでしまった狐は様々な災いをもたらしてその人を苦しめてしまいます。

そこでお経を読んだり、写経をしたり、滝に打たれたり色々とお祓《はら》いをしようとしますが、なかなか苦しみから逃れることができません。

するとある人が言います。

「ちょっと高いけど、ちょっと遠いけどあの霊能力者で取れない人はまずいないから行ってみたら」。苦しみから逃れたい一心で出かけることにします。

すると祭壇の前に厳かな衣装をつけた人がいていよいよ自分の番が来て座布団に座るころには心の中で「こうして遠くまで来たんだし、これだけお金を使ったんだから……」

と思ったとき、これまたタイミング良く「エイ！　取れました」と言われると……

「あ〜取れたんだ！」と思う！

実はその霊能力者さんの力は狐がついたと思い込んでいるその人の「思い込みを外すこと」。つまりその人の意識に住んでいる魔モノを外すために「遠くて高額」のセッティングが必要だったのです。

すべては自分自身の意識の中に存在しています。

わざわざ厄介な狐がついたと思って苦しむぐらいならば、せっかく思い込む力、意識力があるのですから「笑顔がついた」と思ってみてはいかがでしょう。

例えば交通事故死の霊がやってきたとき「笑顔のバリアまで潜《くぐ》ってやってきた霊なのですから大したものだ」とまず敬意を表し礼をしましょう！

それから「霊さん私は笑顔で人生変えたのよ。あなたもいろんなところで外されて、私の元にやってきたのですから一緒に笑顔人生を生きませんか？」と問うと、「自分が外されてばかりなのだからそんなはずはない。やってられない」と思うと離れていくそれを自己除霊と言います。

反対に「いつも邪魔者扱いされているのに役に立つのだろうか」と改心する霊を守護霊

と言います。

霊的な存在に良いも悪いもありません。エネルギーだと考えてみませんか？　ラジオもチューニングしなければ聞こえてこないように、霊も縁あってその人のもとにやってくるのですから、私たち一人ひとりの「笑顔と有難う意識」によって共に光の世界に旅立つことが出来るのです。

今を突き抜ける０・１の弥勒意識

弥勒意識とはなんでしょう。私は講座の中で３・６・９をこのように説明しています。

考えて行動すると33・３％実現し、

感じて行動すると66・６％実現し、

考えて感じて行動すると99・９％実現します。

しかし残す０・１％はまったく意識圧が違い99・９％をも叶わない世界です。

例えて言うならば、人間国宝にまで上りつめた歌舞伎役者の舞台は誰もが魅了されますが、そこに小さな跡取り息子が衣装をつけてトコトコと出てきて「トト様〜」と一声発しただけで、観客の目は奪われ一瞬に空気を変えてしまいます。

まだ何にもない彼にあるものはただ1つ「純真無垢の心」です。

令和の時代は純真無垢と言う0・1％が神通力となって開いていく大どんでん返しの時なのです。大人たちも幼子の心に習って心に曇りのない生き方をしたいものですね。


こんな話を聞いたことがあります。

ある奥さんが窓越しからいつもお隣の洗濯物を眺めては何やらブツブツ言っています。

「隣の奥さんはどうしてあんなに洗濯が下手なのかしら。まだ汚れているじゃないの〜主婦失格ね！　とんでもない人だわ」といつも隣を覗いて批判していました。

その姿をじっとご主人が見ていたのです。

ある朝いつものように窓から覗くとビックリ！

「まぁ今日は綺麗に洗濯物ができているじゃないの!?　私は言っていないけどあなた言いましたか？」とご主人に尋ねると、主人曰く
「我が家の窓ガラスを磨いただけだ」と。

洗濯物が汚れて見えていたのは窓ガラスの汚れだったのです。

この話のように曇った心からみると相手が間違ったように思う時もあります。

しかしそんなときこそ自分の中に回答が隠れているのですから心の浄化のチャンスです。

「心に曇りを作らない！」

いつも大切に心がけていたいですね。

純真無垢とは

純真無垢であるということは、幼子の姿を思い浮かべてもらえればおわかりになるように、常に「今ここ」が新鮮であるということです。透明感があるということ、汚れのない状態です。

日本人は原爆投下から10年で敵を許し、20年で手をつなぎ、30年で友達になった国。世界中をみても、あり得ないことです。

なぜそんなことができるのでしょう。それは多くの国はイスラム教、仏教、キリスト教等教えの国ですが、日本という国は、教えを実践する道の国なのです。

華道、茶道、香道、武道、神道、道を行く人が大切にしている1つの価値観があります。

それは、「穢《けが》れを嫌う」ということ。敵国アメリカを決して許したくて許したわけではないけれど、許さないと言っていると、自分の心が穢れることを恐れたのです。

清らかさを大切に思う国民。それこそが大和の心でもあります。

純真無垢ということは、穢れなき生き方をするということです。

だから、素直であることが大事なんです。素直とは、思っていることと、言っていることと、していることが一致しているということです。

今日、カレーライスが食べたいのに、鍋焼きうどんと言ったら、鍋焼きうどんしか出て来ませんね。

言葉というのは心の足です。

あらゆる世界を歩いて、ちゃんと自分に戻ってくるのです。

笑顔の一語一恵

「勇気」から「無邪気」に
「決心」から「無心」に
「純真無垢の笑顔」こそ
令和時代の宝です

第2章　懺悔の王道　泣き弥勒

五臓六腑と7つのチャクラを開いた未来人類の集合意識

これまで人生の中で弥勒様から色んな気付きを頂きました。

弥勒菩薩と言えばご存知の方も多いですが、

「56億7000万の時を経て未来を救う仏として下りてきなさい」

とお釈迦様と約束をし、須弥山《しゅみせん》を上り兜率天《とそってん》で下生《げしょう》の時を待つ未来仏です。

お釈迦様の教えが正しく伝わる正法《しょうほう》の時代。

写し絵としてしか伝わらない像法《ぞうぼう》の時代。

とうとうお釈迦様の教えが届かなくなる末法《まっぽう》の時代。

その末法の世に、お釈迦様に代わって未来を救う仏として下生されると伝えられる存在が弥勒様。

56億7000万年と言う気の遠くなるほどの数の謎の1つを私は「五臓六腑と7つのチャクラ」と読み解き、それを開いて覚醒した「未来人類の集合意識」こそ未来仏の姿だと思っています。

そして今、私たちの集合意識がいよいよ覚醒のときを迎えているのです。

弥勒の微笑み――泣き弥勒の存在

毎年、広隆寺の弥勒菩薩のもとで祈りを捧げながらあるとき、隣に座する「泣き弥勒」に気づきます。あの有名な半跏思惟像「宝冠弥勒」は多くの人の視線を浴びているかもしれませんが、お隣で下を向いて泣いておられる「泣き弥勒」はあまり気づかれることのない存在です。

弥勒の微笑みを宗教哲学者ヤスパースはこう語りました。
「私は世界中の仏像を見てこれほどまでに完成された笑顔の仏を見た事は無い。あの微笑みになるためには相当の過ちを犯さなければなれない」と。

つまり「過ちの数だけその罪に気づき反省した数だけ微笑みは輝く。それも自分だけの罪の反省ではなく全人類の罪は私の責任ですと懺悔し涙を流し立ち上がった姿の笑顔があの微笑みになった」と評されたのです。

あの弥勒の微笑みに至る道には、多くの涙がある。「宝冠弥勒」と「泣き弥勒」は、一対なのだと気づいたのです。

「懺悔」とは相手の罪を引き受けて自分の罪とし心深く謝罪すること。

その懺悔を通した慈悲慈愛の心こそ弥勒の微笑みの真髄なのです。こうして懺悔と共に菩薩行を終え、釈迦如来に成り代わり弥勒如来として下生されるのです。

未来仏　弥勒如来

これについてもまた不思議なお導きがありました。

本書の中でも紹介しています私の弥勒の着物の作者、蒔絵《まきえ》友禅作家の澤井豊泉先生は、京都壬生寺《みぶでら》の壬生狂言の衣装も担当しておられます。

2019年3月3日、壬生寺に着物姿の人が全国から集まるお祭りがあり、壬生狂言を前に松浦俊海貫主《かんす》様の法話と私のお話をさせていただくこととなりました。

御本尊は奈良の唐招提寺からの地蔵菩薩様。地蔵菩薩とは、釈迦が亡くなってから、弥勒菩薩が現れるまでの無仏になる間、すべての生き物を救うといわれています。

そこで地蔵菩薩から弥勒に至る話をさせていただき、56億7000万年、つまり、五臓六腑と7つのチャクラを開いて目覚めた未来意識の集合体が、菩薩行を終えて未来仏弥勒如来として釈迦如来に成り代わり下生されるお話をしました。

すると本殿を降りるなり松浦貫主様が「ちょっとちょっと」とお呼びくださって、「奈良の唐招提寺には古くから弥勒如来がおられますよ」と言われビックリ！

80歳を過ぎた松浦貫主様は元唐招提寺の重鎮でいらしたことから、早速唐招提寺にお繋ぎくださいました。

弥勒菩薩は皆さんご存じですが、弥勒如来の存在はご存じない方が多いかもしれません。

奈良の唐招提寺には鎌倉時代の弥勒如来様が坐しておられたのです。

「弥勒如来座像」
重要文化財 奈良・唐招提寺所蔵

今回、お寺の御意向により、「宝冠弥勒」と「泣き弥勒」の弥勒菩薩半跏思惟像の写真掲載は叶いませんでしたが、今の時代、インターネットで検索すればたくさんの画像が出てきますので、そのお姿を目でみることは可能です。画面で見て、知識を得ることで「わかった」とするのではなく、実際にその像の前に身体を運び、五感のすべてで本当の意味で弥勒菩薩と出会っていただければ、こんなに嬉しいことはありません。目に見えない部分にある多次元的な情報を五感を通じて感じ取ることができるのが人間であり、その瞬間にこそ宇宙に通じる「響き」があります。私たちは、時を超え次元を超えて、繋がり共鳴することができる存在なのですから。

弥勒菩薩立像との出会い

２０１８年～２０１９年に弥勒様にまつわる面白い偶然の一致をみました。

今までの私の人生で２０００年と２０１８年の2回にわたり、別々のところから同じお姿の観音様を授かりました。２０１８年には3倍の大きさとなって奇しくも同じお姿の観音様なのです。その佇まいから聖観音様だと思い、ご真言を唱えお祈りをしていました。

２０１９年8月25日、「蘇《よみがえ》るやまとこころ」と題された講演会にご出席下さったのが、本書の表紙の作家、萩原貞行さんです。萩原さんは霧島の3丁目6－9に住まわれたときからミロクアーティストとして活動されていました。

講演が終わってお話ししていると、ステージに立った私のことを「弥勒に似ていますよ」と言われました。

私が恐縮しながら「ありがとうございます。弥勒の微笑みをひたすら目指してきましたが、姿形は東南アジアで言われるもう一つの弥勒、布袋様に似てきました」と言うと、「いえいえ、広隆寺のあのスリムな弥勒ではなく、快慶作・弥勒菩薩立像です。あなたの様にふっくらとしたお顔をしています」と写真が送られてきたのです。

するとびっくり！　過去送られてきた蓮の花を持った観音様と同じ佇まいなのです。聖観音のお姿が弥勒様の立ち姿でもあった事に驚いてしまいました。


弥勒様との出会いから数々の出会いが与えられ、いろいろな体験をする度に、自らの内側を見つめ反省し、縁ある人の罪をも我が罪として受け止め懺悔して、弥勒の微笑みの真髄に触れさせていただく旅が続いています。

広隆寺の弥勒菩薩半跏思惟像との出会いから「泣き弥勒」―「弥勒如来」―「弥勒立像」と導かれて、今思うことは今まで座っておられた弥勒様がお立ちになって、いよいよ

快慶作「弥勒菩薩立像」（ボストン美術館所蔵）

著者の元に届いた観音様

動き出すという事ではないでしょうか。

地球、世界への最大の貢献は、自分が目覚め覚醒すること。

自らの中にある弥勒意識に目覚めて微笑むこと。

つまり、「自前の平和作り」にこそ未来が託されているのです。

懺悔の道へ

振り返って落ち込むことは後悔。

振り返って、よし、やるぞとやる気になるのが反省。

ところが、懺悔とは、その向こう側にあった世界でした。

弥勒菩薩の右側に泣き弥勒という世界があることに気が付いたとお話ししました。

そのとき以来、ヤスパースが言う「弥勒の微笑み」のすごさを口では語っていましたが、
私自身、反省までは経験があっても実は懺悔の体験がなかったのです。

ところが、２年ほど前に、私はようやく懺悔というものに触れていくのです。懺悔とは

人の罪を引き受けて、我が罪として謝ること。

この「人の罪を自分の罪として引き受ける」というのは、実は三次元の言葉です。

すべてが1つですから、罪に出会うということは、我が罪なのです。それは、前世やその前世でもかかわった我が罪の表れであり、人の罪の引き受けというのは、自分自身の大浄化を行うことなのです。

私が懺悔の神髄にふれるきっかけは、2年前に起きたある出来事でした。

私は易学を勉強し、その後、プロとしてお仕事をさせていただいていましたが、ある事件から所属していた易学の団体を離れることになりました。そのとき、私は自主的に離れたわけではなく、口惜しい思いをしていたのですが、大いなる宇宙の計らいがその奥に働いていたことを後に知ることとなります。

それまでの私は笑顔のお陰で、何かあったときはいつも、人が現れて助けられてきました。しかし2年前は、人生に逃げ場なしでした。この出来事に対し争うことも出来たのですが、気の弱い私は、そのときはすべてを受け止めざるを得なかったのです。とはいえ、そこで一歩おりたときに、意気地がない自分がいたのではないかと、半年以上引きずっていました。

一番つらかったのは、30人ものお弟子さんたちとの別れです。

かつてわが師王麗華先生から「恨むのも罪ですが、恨まれるのも罪です」と言われたことがありますが、このとき心の底からそのことを実感しました。

懺悔の喜びは半端ない

そんな折、四国に行ったときに、弥勒如来という世界に出会います。

全ての罪を我が罪として受け止め懺悔するあり方こそ、弥勒如来としての姿なのだと知りました。人と争うことは苦手でも懺悔ならば自分でできる。やっと出来ることに出会えたと何故かホッとする自分がいました。

大きな変化をきっかけに懺悔の道に入って初めて、この喜びは半端ないということがわかったのです。なぜならば懺悔の道は余り人が通っていませんから、スイスイ通れます。

その道は優しさで満たされ愛でいっぱいになる道だと気づかされたのです。

今までの人生で二度ほど、声高に皆さんが「純子さんは悪くない」と言われたことがあります。しかしそのことが、私の覚醒が遅くなった理由でもありました。

私が生きる中でとても大事にしている言葉があります。

それは、笑顔共和国顧問の大和信春先生の言葉です。


「人のせいにするな。誰のせいにもするな。

人のせいで済ませたら、同じ試練がまた返ってくる」


この法則が身にしみています。

「祈り」とひきつけの原理

祈りとは何か。いろんな形がありますね。

お念仏もいろいろあります。南無妙法蓮華経もあれば、南無阿弥陀仏もあります。

それだけでなく私が思う日常生活の祈りは、意味に乗るということ。

意味に乗るとは、例えば、

「なぜ上司は集中的に私ばかり叱るの？　あの人だって同じことをしているのに、どうして私ばかり？」と思って、辛くて眠れない。

そんな人がいるとして、あるとき、大抜擢される。すると、

「ああ、あの上司から私が集中的に厳しくされた理由は、私をここの位置に引き上げるために鍛えてくださっていたんだ。ありがたいことだったんだ」と意味に乗れたとき、心からの感謝にかわりますね。

こうした祈りは宗教の隔てなく誰もが生活の中で生かすことのできる、意乗り＝祈りです。

手を合わせることだけでなく日常生活のあらゆる場面の中で意識し続ける。

祈りは、対象物があって、手を合わせている場所だけが祈りではなくて、対象物があることを通して、３６０度の生活の中に生かすことが、本当の祈りの実践だと思っています。

笑顔にもなれば、感謝もふえて、すべてが祈りにかわります。

ありがとうという言葉もそうです。ありがとうの種は感謝。

感謝は、感じたら謝ると書きます。ここにも懺悔の気持ちが入っているのです。そして、「気づきませんで、申しわけありませんでした。教えてくださいまして、心からありがとうございます」になるのです。

真っ黒い壁の真っ黒いドア

人生の中でまるで目の前に真っ黒な壁がそびえたっているようなときがありました。誰の助けもない、目をそらすこともできない、まさに人生逃げ場なしという状況です。目を見開いてその真っ黒い壁を見たら、そこに真っ黒いドアがある。ところがノブがない。ノブがないドアとは、どういう意味？　と思って、一押ししたら、そこは光の世界でした。その一押しが、私の場合は、懺悔の祈りだったのです。

覚醒を前に、今同じような状況の人がいっぱいいるはずです。

例えば老人介護で自分の認知症の両親の面倒を見なければならない状態の中で訪れている人もいれば、突然の解雇、突然の死、いろんなもので用意されるかもしれません。

八方塞がりで真っ暗闇と思うかもしれません。

そのときに、目をそらす前に、見開いてみてください。必ずあなたのドアがある。

ほんの一押しすれば、光への道が現れるチャンスです。

チャンスはピンチの顔をしてやってくるのです。

弥勒意識の道具となるまで

私は5歳のときに「天寿国の里道知らせとして生まれたの」と言っていました。

その幼いころからの思いは、「すべては1つの宇宙意識をこの地上に具現化する」という理念となって今でも変わることはありません。このことは弥勒意識に通じていたのです。


それ故に、人生は私に様々な経験を与え続けます。

三次元に生まれた福田純子は、子どもの頃からとても気が弱かったのです。明治生まれの母はとても気丈でしたので、いつも母が私に言いました。

「純子ちゃん、気を強く持ちちんしゃい。気の強い女の人やないと、これから生きていけん。

気は幾ら強くてもいいけど、お母さんはもう一声言いたい。我《が》の強い女の人にだけはなったらいかん。気の強さの中には、我慢も辛抱もできるけど、我の強い中には根っこもなーんもない。ほんとに悪いと思ったら、真っすぐに頭の下げられる素直さと気の強さば持って生きんしゃい」と教えられました。母のこの言葉は私の人生に大きな影響を与え気の弱い私は素直に生きることで、弱いは弱いなりの気の持ち方を学んでいきました。

だからこそ頑張る「こそ立て＝子育て」

私は、子どもの頃は人と話すよりも一人でいるほうが好きでした。

話すのが苦手だったために、何とか人前で話したくて、短大の放送研究部に入ったのです。そのご縁で放送局のオーディションに受かり、報道部に所属して福岡市の広報番組を担当しました。しかしその声を聞いたベテランアナウンサーから「あの人の声はお葬式の声だ」と言われました。

それで、上手な人でなくてもいいから、せめて「君のおかげで楽しかったよ」と言っていただける人になりたくて、笑顔人生の引き金を引いたのです。

当時喫茶店で「寒いと思ったら、純子さんが座っているから寒いはずよ」と言われたこともあります。それほど笑顔から遠い人が、笑顔の道を行かされた。人生とは実に逆説的です。

第一ボタンを掛け違うとずっとずれていくように、**人生は、事が起きた瞬間の反応の仕方で将来が大きく変わります**。

私がお葬式の声と言われたそのとき、憧れて入ったテレビ局だったために、辞めることは考えず、**「だからこそ頑張る」**と思ったのです。

なにくそと頑張る人もいます。なにくそという精神は、実力が早く伸びても「やっつけたぞ、もう抜かれないぞ」と、敵がまだいるのです。

「だからこそ」という精神は、「あの日あの時つらかったけど、そのおかげで今ここがある、ありがたい」と感謝に変わります。

「こそ」という気持ちを立てるから、これを私は「こそ立て＝子育て」と言っています。

真剣に頑張るのはいいけれど深刻になると周りは共鳴しませんね。そこで、笑顔で頑張りましょう。それを「顔晴る」と書きます。この言葉は今では多くの方に使われるようになり、「顔晴れ」の発信人と言われるようになりました。

子どもは、親の言うようにはしません。親がするようにします。

子育て上手なお父さん、お母さんだからこそ、自立した子どもになる。何が起きても、「だからこそ顔晴るんでしょう。お父さんとお母さんは応援団だよ」と言ってあげましょう。

天則違反

私は、27歳まで、アナウンサーの仕事をしながら、一方では霊感占い師をやっていました。クライアントが非常に増えていきましたが、27歳の7月7日に夢を見るのです。

それは、世界中の人と手をつないでいる夢です。

世界中の人と手をつなぐ。気がつくと、それは1つ1つの私の細胞だった。

ひとつながりの世界に触れたとき、それぞれの命の座はすべて体験を通して輝きだすことを知り、「天則違反」を起こしている自分に気づきました。

たとえマイナスに見えるようなことであろうとも、一人ひとりの尊い体験を奪うようなことはしてはならないのです。

そのとき私は霊感的なものは一切使わないと封印しました。

それから魂の巡礼の旅を始めました。

ハワイ島のキラウエア火山、韓国のマニ山、板門店。万里の長城からゴビ砂漠を駆け抜けて敦煌に行き、カッパドキア、イスタンブール、イスラエルの嘆きの壁、１９９年７月にはシナイ山等平和の祈りを捧げ、更にはマザーテレサ様の所ではボランティアをさせていただくなど魂の巡礼の旅は続きました。今振り返ると、私は笑顔の道を通して弥勒意識に出会い、それを伝える道具なのだと思います。

こういった人生の様々な体験を通して、私の人生に何が起きているのか、その疑問から出会ったのが、学問として構築された易学でした。

「運命好転学」の誕生へ

19歳のときに、易学者の故五味康祐さんが「おまえのデッドラインは55歳だ。それを過ぎたら余生だと思え。俺のあとはおまえが継げ」と言って亡くなりました。

偶然にも55歳のときから易学のプロとして立ちましたから、私は予言どおりのことをやっているのだなと思っていました。

順調に伸びて、順調に広がっていくはずのものでしたが、私の意とは裏腹にそこを去ることとなりました。それでも私に鑑定してほしいという方がいましたので、その方たちのために、新しくオリジナルの新易学「運命好転学」を立ち上げました。

この立ち上げにおいても、サポートしてくださる方が現れ、いろんな助けを得て完成に到ります。


このときに人生を振り返ると、15年もの間、福田純子を名乗って仕事をしてないことに気がつきました。

結婚して苗字が変わり、離婚と同時に鑑定士の名を名乗りましたので、福田純子に託されたミッションをこなしていなかったのです。

気づかないうちに食べるための仕事ライス（米）ワークに終わっていたのです。

それから、いやが応でもライフワークに戻された。

そしてライトワーク（光の仕事）へと導かれたのが、２０１８年の10月。

令和になり、最終章の仕事でラストワークをしようと覚悟が決まりました。

福田純子と、弥勒菩薩と、笑顔とが一直線上に並んだ地点に訪れたのが「運命好転学」であり、その「運命好転学」を使って弥勒意識の操縦法を学んでいただくために「弥勒意識覚醒講座」が生まれました。


私の人生だけでなく、世の多くの覚醒を前にした人たちには、一見ピンチに見える出来事によって魂の目覚ましベルが鳴らされることが起きていると思います。

「黒い壁を見詰めると誰にでも必ずドアがあります。しかしノブがないから、押すしかありません。どうか勇気をもって一押しして顔晴って突破してください」

自らの体験を通して私は、お伝えしたいのです。

笑顔の一語一恵

苦労があるのは
天に見放されたからではないのです
上質な幸せを
苦労から生み出すためなのです

第3章　運命好転学——封印された自己申告書

印象的な相談

今まで数多くの鑑定をさせていただきましたが、皆さん、それぞれに印象的です。

若い女性が「先生、私、二重人格と言われたんです」と泣くのです。

私は聞きながら、「あなた、たった2つ?」と言ったら、「はあ?」と。

「あのね、昔の歌で、ヤマトナデシコ七変化というのがあるの。女は7つくらい変わらなきゃ魅力ないわ。たった2つで落ち込むのは勿体ない。観音様は33変化《へんげ》といって、1つのことを伝えるために、33にも変化して伝えるのよ。あなたが今落ち込んでいる理由は、もしかしたら33に変化してでも伝えるんだというものにまだ出会ってなかったからではないかしら」

「わかりました。私、それを探します。そして、7つと言わず、33変わります」と、気勢を上げて帰りました。うわーっ、この人、素晴らしい感性だなと思いました。普通ならば、「でもですね」「だけどですね」と言う人が多いです。彼女はたったそれだけのヒントで、気づいて自らスイッチを入れたのです。

　ある奥さまから、離婚したいというご相談がありました。

「どうしたのですか？」と尋ねたら、

「私は主人の両親を嫁としてしっかりと最期まで看取ったんです」

「それはすばらしいですね」

「その後、私の母親と同居していたんですが、母親が悪くなって救急車で運ばれました。その場に主人がいるにもかかわらず、主人は救急車にも乗ってくれなかったんです。あんな薄情な男とは思わなかった。私はもう別れようと思います」とおっしゃいます。

　人間にはホットタイプとクールタイプがあって、何かあったらすぐ飛び出す感性タイプと、ちょっと待て、段取り組むからという理性タイプとがある。

「あなたは感性の人だから、すぐに救急車に乗っていくタイプですね。でも、ご主人は段取り組み型の理性タイプだから。来なかったわけじゃないんでしょう？」と言ったら、

「来ましたけどね」と不平がある顔で言われました。

「どのようにしておいでになったか、思い出せる？」と言ったら、突然泣き出されたので

す。

「そう言えば、洗面器とか歯ブラシとか、いろいろ用意して車に乗って後で来てくれました。主人って、やっぱり頼りになるんですね」

感性の人だから、カーッとなったらそのまま行ってしまいます。理性的にフィードバックが難しい。私の言葉でヒントを得て、「準備して来てくれました主人に感謝します」。別れ話で私のところに来たんじゃないの？　ちゃんと自分で修正かけてお帰りになる。

私たちのアドバイスというのは、ちょっとしたヒントを与えるだけなんです。カウンセリングは聞き上手でなければという言葉がありますが、私は「感セリング」と思っています。つまり、感じる部分のスイッチをピッピッと刺激するだけで、あとは自動装置で、自分で軌道修正して帰られる。私はその部分のスイッチを探すだけの役目です。

しかし、気づいていただくのが、プロの難しいところでもあります。

一方、気づかない人というのは、私たちにとっては、それでいい人とも言えます。

弥勒意識覚醒講座も、「難しい難しい」と言う方がいらっしゃいます。

同じ「難しい」という中でも、自分の中で「わからないからわかりたい」というエネルギーに結びつければ何も問題はないのですが、中には答えだけを求めて「私をわからせてくれない」と言って駄々をこねる人がいます。

これを「幻のおーよしよし」と言います（笑）。

そんなときは「今はわからなくていいんですよ」と憎まれ役もします。

私は、何とかわからせて帰さないといけないとは思いません。

「結論はどっちなんですか」という質問に対して答える役ではなく、「ここところはどう違うんですか」

「ここところの違いをどう埋めたらいいですか」という問いに答える役割だから、そこは役に徹しようと思います。

この世はすべて相対です。引かなければ跳ばない。しゃがまなければ跳べない。吸わなきゃ吐けない。日が沈まなければ朝は来ない。

枝先を見て別々のことと捉えるか、元をたどれば同じエネルギーと捉えるか。

2つで1つですね。

運命好転学とは

運命好転学が完成するまでの間、「運命好転学とは何か」ということを自問自答し続け、運転と操縦の違いだということに行きつきました。（30Ｐ「人生の運転から操縦へ」参照）

ありとあらゆるものが混在している今の時代は、運転ではもう追いつきませんから、操縦するということ。

私を求めて来てくださる方のためにお伝えするものがあるとしたら、あらゆる占い系の人たちにも適用できるもの。例えば、この通訳器があると、何語でも何カ国語でも通訳できるような、そういう部分を生み出せたらと誕生したのが、「運命好転学」です。

とはいえ、ほかの方の易学のツールを使ってアドバイスするわけにはいきませんので、私のオリジナルの運命好転学のためのツールを作りました。

皆さんにわかりやすいと言っていただくのは、ゼロ歳から一生のデータを全部出せるということ。自分の得意な時間や色等、トータルに図解してお渡しします。

封印された自己申告書

人は、何年何月何日に生まれたとき、一生のプログラムを立てて生まれます。それを、「封印された自己申告書」と名付けていますが、自らの計画書を知らないまま生きている人が余りにも多い。

その封印を解く。解くだけではなくて、どう読み解くかということをお伝えするのが「運命好転学」です。そのデータはオリジナルですが、それを持たなくても、皆さんがこの好転学のエッセンスを学べば、占い、易学、占星術でも読み解き術を活用していただけます。

例えば、「○年○月○日にお生まれになったときから決まっています」と言うと、すかさず言われるのは、

「でも、決まった人生を歩くって、おもしろくないんじゃないですか」「では、同じ日に

生まれた双子は同じ運命をたどるのですか」。この2つの質問がよくあります。

まず、**決めて生まれてくるのは、物語の起承転結だけ**なのです。

例えば桃太郎の物語だったら、起承転結は決まっているでしょう。ですが、それをどう脚色するかは自由です。日本昔話だけでなく、ヨーロッパを舞台にする、宝塚で演じるなど枠を超えてそのシチュエーションはさまざまです。

織物に例えるならば、起承転結が縦糸。縦糸が定まらない限り、シチュエーションである横糸は織れません。変わらないのが物語の起承転結です。縦糸は変わることはありません。変わらない縦糸を軸にして横糸を織っていくのです。

なぜ横糸を織る必要があるかというと、柄を出すということですね。花柄にしたいのか、動物柄にしたいのか。はたまた、太陽を描きたいのか。それは自由、あなた次第なのです。

人生の縦糸／天命と宿命

縦糸の部分にあたるのが「天命」と「宿命」です。

東から昇って、西に沈む太陽の運行。春の後は夏、夏の後は秋と季節の巡りを我々は変えようがありません。宇宙における魂の四季のリズムを「天命」といいます。

更にどの土地の、どのお父さん、お母さんから生まれたか、これを「宿命」といいます。これも変えようがない縦糸なのです。

この2つを縦糸としてしっかり組むのです。

両親を否定し続けていたら、自分の人生の縦糸は組まれていないことになります。

縦糸を組むことによって、横糸を織ることができるのですから、こうした意味で「内観」は大切なのです。

人生の横糸／運命

横糸を織ることを、「運命」といいます。

縦糸に沿って命を運ぶ。だから、運命というのは、水玉にしたいのか、花柄にしたいのか、自分の人生の模様は自由に変えられるということです。

運命好転学で手にしていただくデータは縦糸の部分です。

これを、運命をいかようにも変えるために使うのです。

多くの人たちが一番囚われやすいのが、「良い・悪い」の解釈です。

「良い・悪い」で好転学を使いこなそうとしても、無理です。数字にゼロを掛けても、何の効果もありませんね。「良い・悪い」という観点を卒業しなければなりません。

ではそれに代わる言葉は何でしょう。

それは、「強い・弱い」という言葉です。

「良い・悪い」から「強い・弱い」にあなたが切りかえたとき、人生を実におもしろく操縦できます。「良い・悪い」が運転の言葉とすると、「強い・弱い」は操縦の言葉なのです。

まるごと体験知

「良い」「悪い」と言っている限りは、その関係性から抜け出すことは出来ません。

人生には良いこともあれば、悪いこともある。そう捉えて生きる人生は、いいときは楽しむ。悪いときは、恐れて逃げてしまう。そうすると魂を磨くチャンスも逃してしまいます。

それを「強い」と「弱い」に切りかえると、「人生はあざなえる縄の如し」です。

強いときもあれば、弱いときもある。いいときは楽しむ、悪いときは逃げるではなく、強いときは楽しむ、弱いときは味わう。


人生は「楽しむときと味わうとき」が、あざなえる縄のごとく訪れるのです。

どのエネルギーも、この世に生まれた限り、丸ごと体験知にできるのです。

すべてを捨てず味わう芸術的生き方

私は、かつて弟子の皆さんに、

「大難を小難に、小難を無難に変えようというために、我々のもとを訪れるお客様方が多いと思う。しかし、無難に変えて帰すようなことだけはしてほしくない」と言っていました。

なぜかというと、**私たちは無難に過ごすために生まれてきたのではないのです。体験をしたい**のですね。その体験を奪うことにはなりませんかと。

私たちのアドバイスによって無難になるのではなくて、その一人ひとりが自分の力であらゆる体験を通して、いつも大難を小難に、小難を無難に変えられる人になっていただくお手伝いをするのが私たちの役目なんだとよく申し上げていたんですね。

こうした視点の違いはとても大きいと思います。

良いことだけのために生きようとすれば、一生を通して小さな絞り込みの人生になってしまいます。

例えば、演歌は非常に絞り込んで一曲ができますね。人間から男女、男女から恋愛、恋愛から失恋、失恋から酒場、「どうせ捨てた恋じゃない、めぐりめぐれば皆同じ」なんて歌詞の中から慰められて、ああ、そうか、あの人も同じなんだと情の世界で立ち上がる。

こうした演歌は、3年で消えて、10年で懐メロと言われます。

しかし、はるか100年も200年も前にできたはずのモーツァルト、バッハ、ベートーヴェンは、芸術と言われます。

その違いは何かというと、オーケストラを見るとわかりますが、ベートーヴェンの一曲を奏でるのに、指揮者が一生懸命指揮をする。休憩して、汗拭いて休んでいる指揮者は見たことはありません。たった1個の楽器も乗り出して細やかに指揮をする。絶対捨てない。

最後まで振り切るのです。

自分の人生もこうありたいものですね。

すべてを捨てず味わい、体験知に変えて、芸術的な生き方をしてはいかがですか。

芸術的生き方こそ、永遠の命を生きることにつながるのです。

生と死／究極の二元世界

生きると死ぬが、人間界の究極の二元世界です。

その二元世界の中で、死というものに対する概念は、悲しいとか暗いとか何にもないとか言われます。ところが、何もないという言葉を覆す言葉がある。それは、「お迎え」です。何にもない所からお迎えが来るはずはありません。

暗いとか、悲しいとかに似合わない言葉があります。それは「旅立ち」です。希望に満ち溢れた言葉ですね。

もっと不具合なのは、亡くなった日を「命日」、命の日。死んだ日ですから「死日」と書くのでは……。

亡くなったとき、お葬式で、「故人は生前……」と言います。セイゼンは「生きる前」と書くんですね。これもおかしい。「死ぬ前」と書くのでは……。

この世はあの世に旅立つための滑走路なのではと調べてみると、生まれた日にもかかわらず、「生日《じょうび》」と言いませんよね。「誕生日」と言うのです。「誕」がつく。ということは、「誕」に意味があるのではないか。調べたら、「誕《いつわ》る」という意味があったのです。いつわりに生まれた日、これが「誕生日」の意味なんです。

では、あの世が本番でしょうか。

ここでもう1つ引いた目、つまり永遠という世界から見ると、**生と死こそ究極の人間界の二元世界のなりわいで、生きるも死ぬも実は「1つ」なのだということが見えてきます。**相対二元の世界でこの「1つ」の感覚を知った人は永遠の命を掴んだ人と言えるでしょう。

死には、2つあります。それは「肉体の死」と「存在の死」です。

肉体の死というのは、亡くなったこと。

そして、存在の死は、語られなくなったとき。空海や坂本龍馬、チャップリンなど、いまだに語られています。存在しているということは、永遠の命を生きているのです。

今ここで生きているうちに**永遠の命**を手にしませんか。それが覚醒なのです。

だから、小さなことに一喜一憂する前に、肉体と感情を切り離しながら、永遠の命を自分の中に宿すことに終始するためのナビゲーターとしての地図、羅針盤が、運命好転学だということです。

まさに「封印された自己申告書」を手にしたところからがスタートなのです。

羅針盤に見る強弱の波

人生で迷ったときに自分の羅針盤を開いてみます。

そのときに、「どっちがいいかな」と開く人が多いと思いますが、私は「どっちでもいいんだけど、生まれるとき、どんな設計図を描いてきたかな」と楽しみながら開いてみることをおすすめします。

「どっちでもいいんだけど」という心づくりは、自らが描いて生まれた物語を丸ごと体験しつくして生きるための羅針盤の最も効果のある活用法なのです。

好きとか、ワクワクとか、自分の中から湧くエネルギーです。

このエネルギーを大事にするために、自らが生まれる前に設定してきた羅針盤を開くのです。

羅針盤では、18年周期で天命の春夏秋冬がめぐります。更に3年ごとに春夏秋冬がめぐる12年サイクルも同時にめぐっています。

これで生まれてから一生分の宇宙における強弱の波を読み解いていきます。

「春」チャレンジ・努力・決断／種をまく

春にやることとは、種をまく、つまり仕掛けていくことです。開業、移転、新規計画すべて大丈夫。

「チャレンジ」の年は、新しいことに挑戦しましょう。更に努力を重ね3年目に決めるという「決断」のときがやってきます。

春は、一念発起して真剣勝負で活発に行動するときです。このときに種をまかなければ、将来花も咲かない、実も結ばないのです。特に決断のときはとても大事です。

決断は、「断つ」と書きます。何かを断って決めることもあるでしょう。それがうまく決まらなかった人は、次の夏期に摩擦がおきます。

あなたの人生の中で、例えばリズム感でいくと、春はワルツ、夏はサンバ、秋はバラード、冬はブルースという仕分けがあるとすると、そのリズム感どおりに生きることで、ワクワクする自分に出会えるのです。

「夏」摩擦・開花・浮遊／謙虚に花を咲かせよう

夏の入り口には、梅雨があるように人生の中にもジメジメしてナーバスになりがちな「摩擦」の時期があります。それは春にまいた種が芽を出し蕾《つぼみ》を付けていたのに、その蕾の一部が落ちるような現象です。しかし次に大輪の花が咲いたときに、摩擦の時期を越えてこそ開花があることに気づくのです。

夏の時期のハイライト「開花」は願望達成でもあります。

「先生、私は来年開花でしょう。12年に1度のラッキーな年、棚からぼた餅なんでしょう」と言う方がいました。

「棚からぼた餅というのは、自分の人生の棚には自分でぼた餅を乗せないと落ちてこないのですよ。棚の上のぼた餅とは、何かわかりますか？　それは陰徳です。陰徳とは、いいことをして認められなかった数なんです。その陰徳が天上貯金となって喜びという利子までついて落ちてくるんですよ」とお伝えしています。

「開花」というのはいいことしかないというイメージですが、その年に、息子さんが登校拒否、お父さんとお母さんが人工透析で、とうとうお父さんが亡くなるという人がいました。

「何をもって私は開花ですか。何をもって願望達成なんですか」

その人は、私ほど不幸な人はいないと思ったその心根の願望が達成したのです。

エネルギーはそのままで運転している。運転を超えて操縦していかないと自分の人生を好転させることは難しいのです。

またある方は、「来年、開花だから、思いっきり飛び回るんです」と言う人がいます。

開花のイメージって、飛び回るのではありません。春は大いに飛び回り色んな事に挑戦する季節ですが、夏の開花は咲かせるということですから、その場で香《かぐわ》しい花を咲かせるのです。

夏は、「桃李《とうり》もの言わざれども下おのずと蹊《みち》を成す」という言葉があるように、香しい実がなれば、おのずとみんなが見に来て、道ができるというもの。

だから、1つ1つ季節のリズム感を大切にしていきましょう。

「秋」再挑戦・財勢・収穫／実るほど頭を垂れて

実りの秋の入り口は再挑戦のとき。しかし春と違い「手堅く」がテーマです。前にやりかけたことをもう一度やってみるなど再挑戦のときなのです。

そのことを通して、財に勢いがついて収穫を迎えます。

秋なのに実りがないという人がいますが、自分の人生で春に種をまいていなければ実ることはありませんね。秋の収穫は春に自分の蒔《ま》いた種の実りでありその収穫期なのです。

秋にはもう一つやらなければならない大切なことがあります。それはやがて来る冬の準備や備蓄をすることなのです。

「冬」省察・ゼロ・整理／天と握手する最も尊いとき

運命好転学が「冬」と呼ぶ時期は、他の占いでは「天中殺」と呼ばれ、最悪だと思う人もいます。この冬をどのように捉え、過ごすかがとても大きなカギを握っているのです。

個人セッションでは、「先生、私は今天中殺なんです。私は3年間悪いんです」という方がいらっしゃいます。そもそも天中殺に対して、どうしてそこまでマイナスイメージを持ちましたか？　ということから解いていかなければなりません。

運命好転学ではそれを「ゼロ期」と呼び、ゼロ＝∞（無限大）への貴重なゲートと捉えます。

このことは、昔の物語にもあります。

シンデレラの物語では、いじめられていじめられて、一番苦しいときに次元突破の扉があります。最後にはお姫様になっていく、そのドアは最弱のときに用意されています。宇宙から見ると、実は一番天に近づいているときなのです。

このように、強いと弱いを縦横無尽に使い続けながら、**陰と陽の関係は縦軸で読み取ります。つまり最弱の冬のときは、実は最も尊い、天と握手する瞬間と読み解く**のです。

冬の入り口「省察《しょうさつ》」とは、省みて察すること。思いもかけないような裏切りがあろうとも、悪い人がいるのではなく、悪い人だと思う自分がいることに気づく。自らの内側を見つめゼロに初期設定するときです。

人生の冬は、まるでトンネルの中にいるような状態に陥ることがありますが、そこをトンネルと捉えるのではなく、天と地を結ぶ煙突と捉えてみませんか。

人から背中を向けられることや親しい人との別れなど訪れることもありますが、その体験を通して今まで思ってもいなかったより深い世界に出会い、この冬のゼロ期に多くの人がピンチこそチャンスという体験をしているのです。

「ゼロ」はどこでもドアが開くチャンス

「冬に訪れるのは、トンネルではなくて煙突なのですよ」と教えるんですね。そういう言い方をするのは、私が初めてだと思います。

天と地を結ぶ瞬間だから、自我はことごとく外されます。

大変というのは「大きく変わる」と書きます。大きく変わるチャンスでもあるのです。それが煙突状態です。そういうチャンスはここだけです。どんな煙突でもつくれるのです。どこでもドアが待っているのです。

「整理」とは、次に来る春の準備や仕込みをするとき。

例えるならば妊娠と一緒です。新しい生命が体内に宿ると意識は常に子どもに向きます。様々な体調変化にも気を配りながらしっかりと体内で子ども（種）を守ってゆくのです。

春の種まきシーズンを前に出来るだけ身軽にしておくこと。すべてにおいて整理整頓をこの時期に行うことが最も効果的です。

このように人生の四季を通して様々な体験の中から私たちは目覚めて行くのです。

お手上げで全託する

生きていく中では、イラついて、つい心にもないことを言ってしまったと自分を責めるときがありますが、「そんな私ってかわいい」と自分をフォローする知恵も必要ですね。

自我はつい意味づけをしたくなります。

それは何々と意味をつける。更にそこから理由づけと理屈のほうに行ってしまう。だから悪いのね、だからいいのね、それで答えが出たつもりになってしまいがちですが、そろそろそこから抜け出し、次の世界に行きませんか？

いい悪いで、納得して答えを見つけたような気持ちになって、一件落着とするのは、同じレールをグルグル回っているだけなのです。これからはどの季節も丸ごと楽しむ知恵を持ちましょう。

よく私は楽天主義者の話をするのですが、八方塞がりという言葉があります。八方塞がってしまうともうお手上げですね。お手上げと手を上げた先には天がある。お手上げと手を上げ全託したときに初めて天がわかる。そこまで行くことで、楽天主義者という意味が見えてくるのです。

頭を使えば損得。心は善悪。腹は一つ。腹（丹田）は愛と魂の在りかです。

二元性を超えていくために、意味づけから祈り（＝意乗り）に行きましょう。

そのために「そんな自分ってかわいい」と、どんな自分も愛することが大事です。

自分を愛することが相手に対する寛容さとなって人もフォローできるようになります。

例えば、相手を裁いて穢れた心になったと自分を責める人がいます。

穢れなき心で生きると決めた自分に訪れた感情を、穢れた見方をしてしまったからよくない。だから、穢れなき生き方をしなければというのは、ちょっと無理がありますね。

ここをうまくフォローしてあげないと、純真無垢な弥勒意識につながっていかないのです。

自分を変えようということは、その自分であってはいけないと言い続けているのと同じです。自分に許しを与え、フォローしてあげましょう。

まだ相対二元の世界で生きているから、「良い・悪い」が脳裏には働いているわけです。

だから、穢れた見方をしている自分がいたら、「あっ、悪いクセが出た」と思うわけです。その悪いクセが1回出たら、3回良いことをいたしましょう。悪いクセのおかげで、3回の良いことをさせていただく精神に変わり、謙虚でいられるのです。「良いことしかしてないわ」と吹聴する人よりもずっと好感がもたれるでしょう。

悪しき感情を、いいことを3回させていただくバネにするのです。

だから、悪いクセのおかげでいいことが輝き、謙虚になれます。

悪しき感情をもうまく活用する力が好転学なんです。そもそも良い悪いはなく、強い弱いがあるだけなのですから……

要するにどんなエネルギーも無駄にしないで活用し切ってしまうということが、運命好転学の一番の中心軸です。

笑顔の一語一恵

この地球は
好奇心で分離を体験し
笑顔で響きあい
愛で1つに統合する
この繰り返しの呼吸から
「永遠の魂」に目覚める
と・こ・ろ

第4章　ミロクの響き／それは人ができる神の仕事

自分自身の3つのテーマ

私は最近、3つのことを自分自身のテーマとしています。

1、口が裂けても人の悪口は言わない。
2、すべての罪を私の罪として引き受けて、謝る。
3、出逢うすべての人々が神であると手を合わせ、心を下げる。

1つ目は、口が裂けても人の悪口は言わない。これは「笑顔の拷問」と呼んでいます。拷問と聞くとドキッとする方もいらっしゃるでしょうが、ドキッとする程のエネルギーを活用して口が裂けても人の悪口を言わないと誓うと、その拷問は苦しみではなく喜びであることに気づくでしょう。

2つ目は、すべての罪を私の罪として引き受けて、謝る。これは「笑顔の懺悔」。

3つ目は、出逢うすべての人々が神であると手を合わせ、心を下げる。

するとある人が言いました。

「ちょっと待ってください。とんでもない極悪非道の人がいるのです」

「では、そこで手を合わせましょう。極悪非道な神様と手を合わせ、心を下げる」

「ものすごくエッチな人がいるんですよ」

「ではその人は愛に最も近い神様と手を合わせ、心を下げる。アイ（Ｉ）の手前はＨです」（笑）

私がやることは、手を合わせ、心を下げること。するとそこから何かを学びますよ。

人につかまるということは、感情移入してしまっていますから、その心から真の喜びは生まれません。

真実の世界と、現実・事実・思い込みという世界は違います。

真実のみが光の世界。現実・事実・思い込みは虚の世界です。

しかし、多くの人は、「これが現実なんです」という悩みを抱えて相談されます。

現実・事実・思い込みというのは、真実に目覚めるツールにすぎないのです。

「じゃ、聞きます。あの津波で流され、家族も失い、家もなくした人にとって、それも真実に目覚めるツールなのですか」

「はいそうです。その人に与えられた、すさまじいまでの真実に目覚めるドラマなのです」と言いたい。そういう人生に遭った方は、尊くて、手を合わせずにはいられない方です。

虚の世界に響く、おかげさまの心

富士山を見ているとわかるように、富士山の麓に富士五湖がある。湖がすっぽり富士山を映し出しています。

この湖に映った世界のことを、現実・事実・思い込みというのですね。

これはあくまでも真実ではありません。

真実の山は富士山そのもの、映し出されたものは陰の世界。だから、陰の世界に対しては、どんな現実を突きつけられても、陰の上に「お」をつけて、陰の下に「さま」をつけて、「お陰さま」と自分がこの世の心を操縦できるよ

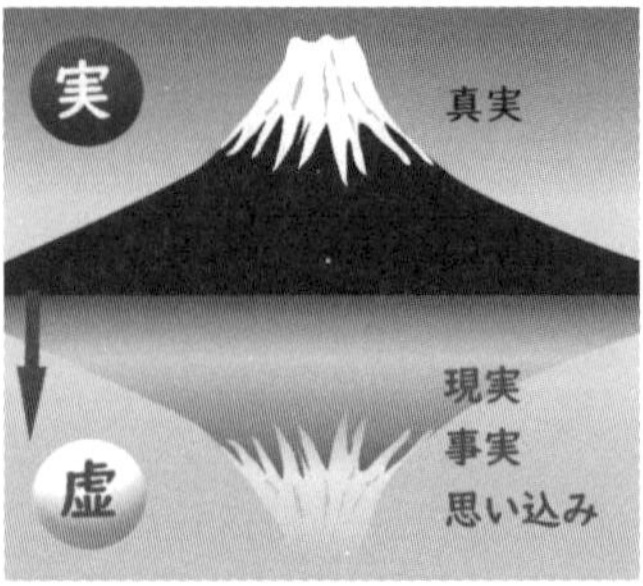

虚＝お陰さまの世界

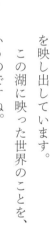

うになったとき初めて、真実の光が見えてくるのです。

それが真っ黒な壁に、ノブがない真っ黒なドアがあるという状態です。

一押ししたら真実が待っているのです。

自分がイヤシロチになる

皆さん、もう太陽を拝む側でいるのをやめませんか。

お願いごとをするために神社仏閣に行くことをやめませんか。

これからは、「太陽を背にして、神社を我が身に納めて、天照《あまて》らす側に回りましょう」という提案をしたいのです。

よくイヤシロチ（弥盛地）とかケガレチ（気枯地）と言います。

例えばここにお店を誰が出しても繁盛しないといういわく因縁つきの土地があります。

調べたら、やっぱり屠殺場だった、江戸時代に遡ると拷問の場所だったらしいとか、そう聞くとやっぱりケガレチだと思うわけです。誰がやっても、その場所にあるお店ははやらない。

ところが、ある人が店主になった途端に繁盛するという話があるのです。

それは、魂のスタミナのある人が入ったら、そこにいた魑魅魍魎《ちみもうりょう》たちをも供養される。

それによって浮かばれた霊たちが、たくさんのお客様を連れてきてくれるのです。

神社にお願いばかりしているときは、尊いものを外に置いていますね。

逆に、尊い力を自分に入れて歩き出すということは、自分がイヤシロチなんです。歩くイヤシロチです。だから、どこに行っても光に変わる。

かつて良寛和尚がしばしその家に泊まっただけで毎日喧嘩していた夫婦が一週間喧嘩がなくなったという話があります。良寛和尚はそれほど強力なプラス波動を持っていたようです。

自分がイヤシロチになっていこうと覚悟することですね。何でも覚悟が大事です。

覚悟が結果の80％です。

腹が据わった、腹が決まった、腑に落ちない、全部、腹なんですね。覚悟の位置は腹なんです。腹の底から笑うから、「腹から笑う、これこそ腸能力」と私は伝えています。

錬金術師の正体は微生物

腸活は、笑顔と共にとても大事な分野です。

ミシガン州の州立大学で、ある実験がされました。

ある微生物が猛毒を食べて、排泄物を出した。それを調べたら、純金だったという話です。そもそも錬金術師は微生物だという話になっていくのではないかなと思って、今から楽しみです。

なのに、多くの人たちは微生物の排泄物（金）のみを追いかけて、まだ微生物そのものに目をとめていない。

微生物は、波動で繋がりあう存在です。

例えば同じ味噌汁を飲む、お母さんの漬け物を食べる、納豆を食べると、腸の中の菌が同じであれば、家族はハーモニーしていきます。だから、「同じ釜の飯を食べる」といわれたのでしょう。

結ぶ、譲る、めぐるという微生物の3つの働きを「ムーのゆめ」と名付けました。


微生物は波動で語りますから、「結ぶ力」はとても強く、

「こっちに行ったら事故を起こすよ」とか、

「今日はあなたと同じ腸の中の菌を持った人に会わせるよ」といって、導いてくれる。

体内に住む微生物にはその力があるのです。婚活をしている若い女性たちは、まず腸活から始めるといい出会いに恵まれますよ。


「譲る力」というのは、例えばエレベーターに乗っていて、これ以上乗れませんというときは、扉が閉まりますね。

ところが微生物はそんなことはしないのです。微生物は、いっぱいになったら自分が小さくなって、入れてあげるんです。譲る心がある。


「めぐる力」つまり循環です。これは画期的な微生物の力で、生物の排泄物を微生物の働きによって分解し水にして、循環していく。

江戸時代は微生物が最も活き活きと働いて循環式社会が完成していたと言われます。更に広島、長崎で原爆投下の後、黒い雨が降ったと言われます。その雨は日本の大地に眠る微生物を目覚めさせセシウムを好んで食べたようです。

ということは、なるほどと思いませんか。猛毒をせっせと食べた微生物の排泄物が金だとすると、まるで予知したかの如く「黄金の国ジパング」と昔言われていたのも分かるような気がします。

地球全体を覆うくらい大きくて小さな不思議な国

私たちにとって、微生物の働きというのは、どうしても注目しなくてはならない存在なのです。34年前の笑顔共和国発足当初からこんなメッセージを発信し続けています。

この地球上で、どんな地図にも載っていない国があるのをご存じですか。

とってもとっても小さくて、

地球全体を覆うくらい大きくて小さな不思議な国、

それが笑顔共和国。

笑顔共和国のふるさとは、皆様一人ひとりの心の奥にあるのです。

心のふるさとを求めて、さあ、あなたも旅をしませんか。

それでは、不思議で夢いっぱいの国をご案内しましょう。


34年前には気づかなかったのですが、「とってもとっても小さくて、地球全体を覆うくらい大きい……」とは微生物のことを言っていたのだと気が付きました。


日本の初代神武天皇が日本を建国したのが2月11日。

なぜ笑顔共和国を34年前の2月11日に建国したかというと、神武天皇の理念を受け継ぎたかったからです。

神武天皇の理念とは、「八紘一宇《はっこういちう》」です。これは、「地球を1つの家族にする」という理念です。地球一家の実現が日本の初代天皇の理念です。微生物の繋がりを通して、世界が一つの家族になることが、笑顔共和国の願いなのです。

８０００兆個の微生物が住む小宇宙

大きな動物と立ち向かうとき。

例えば、海の中でサメが来ました。そのときに、いつもイワシは食べられていました。一匹、次元上昇したイワシがいました。そして、「みんな、知恵を持とう。あのサメが来たときに、僕らはもっと大きなクジラになるんだよ」「どうやってなるの？」「集まろう」。ワーッと沢山集まって、クジラに見せる。

そこへサメが来て「うわっ、クジラだ」と逃げていく。

合体して、意識の集合体によって変化《へんげ》する。自由自在にできる。これも微生物の力です。

観自在菩薩なんですね、こうした働きそのものが菩薩行なのです。

欧米の科学資料によると、人間の体は８０００兆個の微生物の集まりだと言われます。

私たちは８０００兆個の微生物の塊なのです。

その８０００兆個は、どのようなエネルギーの微生物か。

それが一人の人間という小宇宙の波動を決めているのです。

自分の肉体を形成してくれている微生物の面倒を見るということはとても大切です。
「自分をフォローしてあげてください」という意味は、
「微生物の面倒を見てあげてください」ということなのです。

今は2つの道しかありません。
それは腐敗か、発酵か。

空海は響きを最も大事にしたと言われます。
更には「人間は単なる増幅装置にすぎない」と位置づけました。
だからマントラが生まれたと言われます。
宇宙は全部響きの波動なのです。笑顔も響きです。
響かせていくことが、とても大切なのです。
例えば、オーケストラには、管楽器もあれば弦楽器もある。指揮者はそのすべての楽器を響かせていく。私たちもまた自分の人生の指揮者なのです。美しい響きを奏でていきましょう。

自我を落として覚醒へ

これから生きていく上でとても大事なことは、自我を落とすということ。、

「渋柿や　渋がそのまま　甘さかな」

渋柿の渋を取っても甘くはなりません。ある日突然甘くなる。

覚醒も突然やってくるのです。

もう1つ柿を例にお話しするならば、枝に残った柿の実は、やがて腐って大地に落ちる。その腐った実を養分として種から芽を吹くのです。今の時代もまた同じです。世の中を憂う必要はありません。それこそが芽を吹くための土壌になっているのですから。

今は私たち自身が未来の種になるという覚悟をすることなのです。

今までは、花を咲かせること、実をならすことに集中してきました。これからはそれぞれの自我を養分として、種から、芽を吹かせていきましょう。今あることそのままを活か

してニコニコとした世界に目覚めることを覚醒と言います。

究極の自我

自我の中で一番究極のものは、「自我はあってはいけない」というものです。

自我があってはいけないという自我ほど、強い自我はないと私は思っています。

「自我があってもならず、なくてもならず」というのが、自我を超えた世界なんですね。

自我は、競争する、比較する、ジャッジする、コントロールする。

それはよくないと正しさで意味づけしていたとしたら、それこそが自我だと気づかなければなりません。

我も出なければ落ちない。途上の人をみてジャッジするのではなくて、出るだけ出たらきっと丸くなるに違いないと微笑んで手を合わせ心を下げ祈るのです。

例えるならば、ジグソーパズルの一片が自我なのです。

「私は結構です」と一見謙虚のように見えますがもし拒否し続けたら、一片が埋まらないままでジグソーパズルは完成しません。すべてが宇宙の尊い一片なのですよ。

私というのは、大宇宙の生命体の一細胞であるという絶対の自覚を持っていいと思うのです。そしてまた、８０００兆個の命が集まる小宇宙の神でもある。

だから、自我があってもならず、なくてもならず、これが本当の自我を落とすということだと思います。そのことをジガ自賛というのです（笑）。

自分自身を何％愛していますか？

随分前ですが「私は自分自身を１００％愛していないと思う」と言いました。

すると、ある人が、それを聞くなり、

「そうですよね。１００％自分を愛するなんて、詭弁《きべん》ですよね」と返されました。

「えっ、じゃああなたは何パーセント自分を愛しているの？」

「普通の人は60％程度じゃないでしょうか」と言われたとき、私は下を向いて、

「ごめんなさい。私ね、１００％ではなくて、自分を１２０％愛しているの」と言いまし

た。すると「はあ？」とあきれ果てた顔で、すかさず、

「じゃ、はみ出た20％は何なのですか？」と聞かれました。

彼女にとってははみ出ている、私にとっては何もはみ出ていないわけです。

「二元世界に生きる私たちは、男か女か、上か下か、右か左か、行くか行かないか、するかしないか。1つのエネルギーを発したら、もう1つのものを同時に出現させてしまう。その二元世界の中で生きている限り、相手がいるという設定になっています。だったら、相手にも100％愛する自分がいるでしょう。私にも100％愛する自分がいる。足して200％があってもいいと思っているの。あなたがはみ出たと思っている20％は、どちらかというとドジな部分、みっともない部分なの。傷口からでも笑顔の花が咲くことがわかったのよね。恥部をさらけ出して生きていてもニコニコできる私って何てかわいいんだろうと思っているの」と言いました。

特に日本人というのは「100％自分を愛していますか」と問われたら、どんなに自分を愛する力が大きい人でも「99％くらいでとめておこう」とする。

200％と考えたら、100％は当たり前、と誰もが思う日本人が増えると楽しいでしょ。

相手を通して自分を見る

「相手がいる限り、対象物が存在する限り、調和は訪れない。
調和とは、相手が消えて、自分と１つになること。
それを表現することが愛」

私はいつもそう思います。
人からコントロールされることによって自分を痛めつける必要は何もありません。
苦労があるのは、天に見放されたからではないのです。
より上質な幸せを苦労から生み出すためなのです。

人と会うということは、自分自身と出会っているようなものです。
相手は人鏡《ひとかがみ》で、相手を通して自分の笑顔を見たときに調和が訪れるのです。

外の中に自分を見る。溶けていく状態です。
あなたが私で、私があなたになる瞬間、
宇宙と繋がる「ミロクの響き」が広がるのです。

人ができる神の仕事

「生きているときは神のごとく働き、
亡くなるときはただの人となる。
そのとき、人は光を残し、天国へ安らぎの念を持っていく。
その念が地上に愛をふらす」

これが私の尊敬する王麗華先生の言葉です。
私は、人ができる神の仕事というのを生きる上でのテーマとしています。
「これは、人ができる神様の仕事かな?」といつも自分自身に問うてみるのです。

「微生物＋笑顔＝微笑生物」

弥勒の微笑み

宇宙の光は森羅万象すべてに宿り
遠くにもあり
近くにもある
ただあなたがそれを受け止めるだけ
神の子としての自覚を持つとき
大いなる宇宙意識と一体化する
自らの意識の源にある　静かなる弥勒の微笑み
人生のドラマを超えて　微笑む慈愛の目
それは桃源郷へのチャンネル

宇宙

宇宙は広大無辺
終わりもなく始まりもなく　全ての全てで
愛と調和のもとにあまねくを兼ね備える
無限の広がりの中で
神秘なるこの世界を捉える第一歩は
自らの中に宇宙意識を宿すことから始まる

人間

私たちは自分の潜在意識（超意識）　を裏切り続けることはできない
本性に従って生きよう
自らに正直になること　そこから学び続けよう

作った自分を他人から　批判されると腹が立ち　苦しみが増す
あるがままの自分に対する言葉はそこから何かを学ぶ
不幸は数多いが　幸せはひとつ
皆　幸せの答えを知ってる
平和な方がいい　愛がある方がいい

光と影

光が当たれば影が出来る
光が強くなればなるほど　影は濃くなる
最もブラックなものに　光が強く添うている
あなたがブラックなものと　判断して心に捉えたとき　光を遠ざけてしまう
光と影の結びの場に　輝く中心の清らかさが存在する
いま　ここにあって
強烈に善に向かおうとすれば　はじまりは悪からである

また悪に向かおうとすれば　はじまりは善からである
こうしていまは　善の中の悪　悪の中の善　入り交じって存在している
これらの混沌を通して　ひとつの世界へ　飛び出そうとしている
コズミックスマイル

コズミックスマイル

善悪ともに抱えて　微笑むいまここ！
宇宙意識を自己の肉体の中　心の中に実現させる
宇宙には　やさしさ　愛　絶対調和が溢れている
そんな気持ちが心に宿るとき　宇宙と一体化する
それがコズミックスマイル
それぞれの人の心が　お花畑のように和らいできたら
自然に調和が始まる
そこにはもう常識も規則もなく

さらに豊かな宇宙の秩序によって　ほほえみの世界が花開く
そして大いなる存在の　愛の中で創造される

笑心

笑顔があれば　地球のどこでも　言葉を超えて　宇宙へと鳴り響く
笑心こそ宇宙に直結している　言葉を超えた言葉である
あなたの優しい笑顔の心に　宇宙が生きている

第5章　弥勒意識Q&A

2019年9月6日にヒカルランドパークで開催されたセミナー
「コズミックスマイル波動浴―弥勒意識Q&A」からの抜粋です。
特別ゲスト：俳優で語り部　山田雅人氏

PART1 神様のひねり技を愛で読み解く

互いの魂で語り合う

福田　皆様、こんにちは。最初にこんな言葉で始めましょう。

イラムカラプテ。

イラムカラプテというのは、アイヌ民族の言葉で、あなたの魂にそっと触れさせていただけますかという意味です。それを受けて、ウェラムカラプアンナと応えます。それは、互いの魂で語り合いましょうねという意味なんですね。

覚醒とか目覚めとか次元上昇とか、ヒカルランドではおなじみの言葉ですが、ちょっと興味がある方、手を挙げてください。――すごい！　皆さんですね。私の講座は、あまり賢くないの。ＩＱより愛嬌ということで、あまり堅いお話は致しません。今日はＱ＆Ａを長めにキャッチボールを楽しめたらと思います。

令和の時代の1つのテーマは、緩むということなんですよ。伸びしろをつくるということ。「空間をひずませる」という言い方もできます。

つい最近、スタッフが商品をパッケージで包もうとしたんですね。

その袋が、あとちょっと足りないわけです。

「純子先生、見てください。もったいない。あとちょっとで足りたのに」と言うんですね。

「足りないの？　紙に聞いた？」

「はっ？　紙に聞く？」とはてなマークだったので、

「うん、紙と会話してみてごらん」

「はっ？」

「お互い、もうちょっと近づいて。絶対大丈夫よ。頑張ってと言ってみては……」と伝えたんです。

「はい」と彼女も素直です。紙に話しかけました。するとちゃんと足りたんですよ。まさかと思うでしょう。まさかということがあり得る時代、これが今、次元上昇のこのときに訪れることです。

日常生活の中をいかに活き活きと生きているか。

自分自身ができるとかできないとかよりも、何をしたいのか、ということがとても大事な時代です。

自分がしっかりと立つということを、自分軸を立てるといいます。

自分軸をしっかりと立てなければ、いろいろなことがずれていく時代です。


1本、指差してください。「あの人ね」と指差したら、3本の指が自分に向かっていますから。あの人と指を差したくなるそのときこそ、3倍自分を見つめるのです。

悪い人がいるのではなく、悪い人だと思う自分がいるのです。

ひどい人がいるのではないのです。ひどい人と思う自分がいるだけなのです。

この中に実は次元上昇へのヒントがある。このヒントを、今日はみんなで一緒にシェアしながら探っていこうと思います。

あの人と指を差したくなるときこそ、
三倍自分を見つめるのです。
悪い人がいるのではなく、
悪い人だと思う自分がいるのです。

次元上昇には下りていく生き方

以前、長崎講演に行ったとき、男性の方から、

「先生、夫婦というのは本音で語り合うべきでしょうか」という質問が来ましたら、周りがドッと笑いました。それで私は、「そもそも本音で語るか語らないかの前段階があるんですね」と申し上げました。それは、「夫婦の間ではいろんなクセも出てきて、お互いいろんな所を見てしまうけれど、たった1つでいいこれだけは絶対に尊敬できるということがあれば、本音で語り合えるでしょう。それがなくて本音を出せばもう崩壊ですね」と。

ハーバード大学のドナ教授が、人は何故争うのかという研究をして、相手を尊重する、敬う心がないとき人は争うという結果を発表されました。

これからは、登山から下山へ。下りていく生き方を通して、尊敬心を養いませんかと私は、提案したいのです。登山家にとって重要なことは、登ったからには下りるということなんですね。登ったままだと遭難です。そうなんです（笑）。

ところが、ある社長さんが「俺は下りることはしない」と言われました。そこで、こうお伝えしました。

「下りるには資格が要るんです」

「何の資格だ」

「上り詰めた人しか下りられません」。すると、

「俺は下りる」と。とても素直な方だと思いました。

更に、「下流に立つ」とおっしゃった方もありました。上流、中流、下流。下流に立つという心。それは本当に相手を敬う心を育てる指針になると思います。

神様のひねり技を愛で読み解く時代

私の知り合いのお父様の話です。

悪態つく、女房は泣かせる、大きな声で近所迷惑、子どもはたたく。誰ひとりたりとも、「あんなひどい父親はいない、きっといい死に方はしない」と言われた人が、なんと大往生したということです。それはとても神々しくまるで仏様のようなお顔だったとのこと。

なぜそんなことが起きるのでしょう。その生き様によって周りの人を育てたから。その人の天命はそこにあったということです。

いい人とか悪い人とかいうのはこの世のルールですし、この世の倫理観なんです。それではもう見抜けない神の理《ことわり》、天の理というものがあって、法則がある。

どんな人の中にも尊厳を見ていくことで、神様のひねり技のメッセージを愛で読み解くことが、令和の時代に必要なのです。

すべてのものを生かし切るエネルギー

「笑顔」がカギを握っていますよとお伝えしたときに、「明るいのがいいんですよね。暗いのはダメ」と言われますが、そうではありません。

運命好転学的にはこう解釈します。

明るいという文字を見ると、お日さまとお月さまでしょう。もう1つ、日がつくと「明日」、明日は明るい日と決まっていますね。一生、来ないからです。明日になってみてください。また、今日ですから。

今しかない連続の中で、今から未来はきっとよくなると思う心が、まず大事です。

一方で暗いという文字は「お日さまの音」と書かれているんです。目の前が真っ暗になろうとも、なお暖かいお日さまの音が、あなたのお耳に聞こえるでしょう。そんな文字には見えませんか。

ましてや、明るいという一文字の中には、お日さまが何個ですか。1個でしょう。暗いという文字の中に、お日さまは幾つ？　倍ついている。横と下に付き添いながら、早く立ち上がりなさいと全面応援している文字には見えませんか。暗いといえども、お日さまの音なんだよねと思う心の優しさを、笑顔といいます。

更に「先生、これからはやっぱり共生の時代に競争心はよくないですよね」と言って、競争心と競争しているのに気がつかない方もいらっしゃいます。

「いや、共生の時代だから、競争していいじゃないですか」

「ええっ、競争なんて、ダメですよ」と反論されます。

しかし、エネルギーがあっても方向が違うだけなのですから、何の競争かが大事なんです。ですから、その競争のエネルギーはそのままに方向を変えて、優しさ競争、思いやり競争、許し合い競争、に使ってみませんか。

エネルギーそのものを否定するあり方ではなくて、すべて生かし切る。競争のエネルギーすら愛和の心で使いこなすことが大切です。これが覚醒のエネルギーなんですね。だからこそ、運命好転学、全てを好転させる力なんです。

チャンスはピンチの顔をしてやってくる

例えば、よくピンチはチャンスと言いますね。これも、もう少し先を行きたいですね。ピンチと決めていますから、まずピンチをつかむ。そこから、頭で考えるんです。世の中の人はこれをチャンスに切りかえて、そのときに大きく成長した人が成功者になるんだ。これこそ、チャンスなんだと言い聞かせることには、ちょっと無理がありませんか。うっかり幸せになりにくい。

じゃ、どうすればいいの。「チャンスはピンチの顔をしてやってくる」と今日から言ってください。チャンスはピンチの顔をしてやってくる。

ピンチ君が向こうからやってくる。みんなが逃げる。逃げているのに、1人だけ、遠くから親しげに笑顔で「ピンチ君」と手を振っている。

「えっ？」

「うん、そうそう、あなた。あなたよ。待ってたわ。よく来たね」

と迎えられるピンチ君はタジタジ。

「よく来たね、ピンチ君。チャンス君を連れてきてくれて、ありがとうね。ポケットの中に隠しているの？　ちょっと見せてよ」とニコニコする。

これが、心を防水加工にして中がお花畑の状態です。この状態のことを覚醒といいます。だから、偉そうなことではないんですね。目覚めというのは、そういうことなんです。自前の平和作りなんです。平和の敵を攻撃する形の平和運動ではなくて、1人の人が笑顔になれば、何人《なにびと》をも攻撃することなく、世界に1つ、笑顔が実現する。それを1人、2人と増やしていくというのが、私たちの最大の平和運動です。

だから、**何が起きても幸せになり切る、無理せずうっかり幸せになる。**

そのためには、あまりかたくならずに、緩むことなんですね。

目で見る不確かな世界／真の姿とは？

次の図を見ていただきます。この図は何に見えますか。

今、皆さんはこの絵に集中して、意味を見つけようとしていらっしゃる。どんな意味でもつけられますね。何に見えますか。難しくないと思います。イメージしてください。

（「昆虫とか虫に見える」と呼ぶ者あり）虫に見えますね。そう思った途端に虫に見えるんですね。

「男の子の天使」と言った人がいます。中国の壺、バッファロー、お相撲さんが四股《しこ》を踏んでいるみたい。一番多いのがカエル、一番個性的だったのがお葬式のときの焼香の灰。たった1つのことも、人はいろいろに見るんです。ただ、これは何かと聞かれたら、これはただのインクのしみです。ただのインクのしみに意味を与えているのが、我々なんです。つまり、私たちが目の前に起きている環境の創造主なんです。自分の思った以上にも、思った以下にもならない。人生は思いどおりなのです。

私が40年前にその話をしたときには、ある女性の先生と一緒にタクシーに乗り、１時間以上説教されました。

「あなたね、人生は思いどおりなんて、若いのに生意気なことを言うんじゃないわよ。思いどおりにいかないのが人生なのよ」と言われました。タクシーの運転手さんにも「さすが、年の功ですな。若いというのはそういうことでしょう」と言われて、私はちっちゃくなったんです。でも、私はそのとき、何と思ったか。「だって、人生、思いどおりにいかないって、思ったとおりになっているのでは……」と。

更に私たちが目で見る世界はとても不確かです。可視光線で見ている世界ですから、私たちの脳は全く同じ形のものでも「部分だけを見る、違いを見る、過去のイメージとつなげて見る」という特徴があるため同じに見ようとしないところがあります。

今まではワークスキル的な世界の中で、いかに違いを見つけ、スキルを磨くかということが非常に価値が高かった。しかし、令和の時代は、すべては一つの全体を見てとるスキルが必要になってくるんですね。

だから、私たちの目は、実は不確かなものを見るというスキルを磨くのではなくて、2つの目を持って1つに応答する、この第3の目を開くことなんですね。

これは私の「うっかりしあわせになる本」に書いているのですが、お盆の上でぼた餅さんとさくら餅さんがけんかしていました。

さくらとん平ちゃんという主人公が言うんです。「ぼた餅さんもさくら餅さんも、お互い和菓子でしょ」と。ぼた餅とさくら餅、和菓子と言えば両者納得。

私たちの目を信じるのではなくて、目で見ているものの中から生み出される共通項を見つけていく。

例えば、この図は何に見えますか。

（「ウサギ」と呼ぶ者あり）はい、ウサギに見えます。それだけで

すか。（「鳥」と呼ぶ者あり）鳥にも見えるでしょう。つまり、あなたの心がテーマを持って見詰めなければ見えてこない図ですね。くちばしだと思ったら、全員が鳥に見えるでしょう。でも、耳だと思った瞬間、全員がウサギにしか見えなくなる。

つまり、悪い人がいるわけじゃない。悪い人だと思う自分がいるんです。心の中にあなたが見ているものが入っているんですよということなんです。

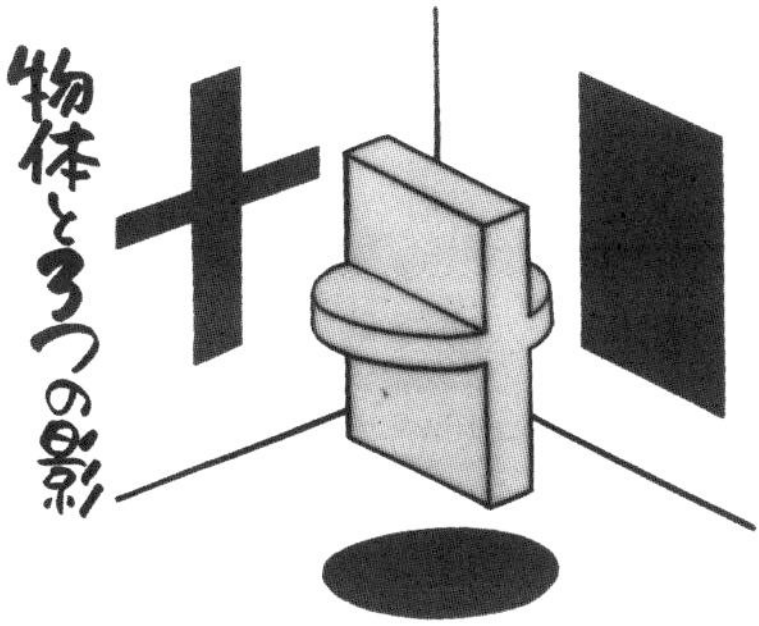

更にもう１つこの図をご覧ください。
物体と３つの影。１つの物体も光の当て方で丸にも、長方形にも、十字にも見える。丸だけが正しいと思いこんでしまうと、他を否定したくなりますが、本質は真ん中にありますね。その部分がわかれば、丸も長方形も十字もみんな違ってみんなＯＫということがわかるのです。
心の運転の仕方で全く異なった世界が見えてくるのです。

悟りとは差を取ること

世の中には様々な仕事があります。仕事というのは、事に仕えると書きます。よく、はたを楽にするからはたらきとも言いますね。仕事は事に仕える。でも、人類共通の仕事がある。それは志す事と書く志事です。

生まれたときから死ぬまでの人類共通の「志事」とは何だと思いますか。それは「泣いて生まれて、笑って死ぬ」という志事なんです。泣いて生まれて、笑って死ぬことを一言で表現すると、悟るということです。

ちょっと待ってください、私たちは別にお坊さんじゃありませんと言われそうですけれども、お坊さんは山の上で読経したり荒行して悟られますが、我々は野に下っていますから、人間関係の中で訪れるのです。つまり、「あなたと私はなーんの差もなかったんですね、1つなんですね」と、差を取ること。

「あの人だけは、絶対許さない。死んだらあの世で殺してやる」と思って亡くなる人が、安らかであるでしょうか。

生まれたときから陰陽関係が働いています。泣いて生まれたとき、みんなが笑顔で迎えてくれます。安らかな顔で棺桶に入ったときに、みんながすすり泣きます。

陰陽、陰陽、縦横斜めに働きながら、我々はたくさんの人たちと出会って、その距離を縮めて「差を取っていく」こと、これを「差取り＝悟り」と言います。これこそ人類共通の志事なのです。

そのために毎日明るく、仲良く生きよう。ただ、これだけでは悟れないんですね。どうしたらいいですかというと、ここに条件をつけます。明るくだけでなく「いつも」とつける。仲良くだけでなく、「みんなと」とつける。「いつも明るく、みんなと仲良く」この条件をクリアすることが悟りなのです。それはなかなか難しいと言われそうですね。だからこそそのための距離感が必要です。仲良くなる距離感なんです。イガグリはそっと摑むでしょう。わかっていて、ガーッとは摑みませんね。それを通して悟りなんです。常に自分の心の中が防水加工で、中がお花畑の状態をつくるための距離感も必要なのです。

魂のスタミナ

では、どなたか質問したい方はいらっしゃいますか。

質問者A　防水の心で中がお花畑の意味がよくわかりません。

福田　要するに、周囲のことに惑わされない、確固たる地上天国を自分の心の中に築いて、魂に輝きを持ち続けて、魂の火をともし続けるということです。

「どこにいるの？」と電話がかかったら、「神楽坂にあるヒカルランドのセミナールームにいる」と言う人もいるかもしれませんが、「東京です」と言う人もいる。「日本」と言う人もいる。「世界」と言う人もいる。「地球」「宇宙」と言う人もいる。同じ場にいても、意識の高さと深さと広さが違いますね。意識が高く深く広い人のことを私は魂のスタミナのある人と言います。魂のスタミナをつけることがとても大事です。お花畑の心とは、どんなことにも動じない笑顔の心です。

質問者A　魂のスタミナのつけ方というのは、具体的にどんなことですか。

福田　すべての現実・事実・思い込みの感情が自分の心に訪れたときお陰さまへの道だと

いって、消化（笑化）し続けることなんですね。

その中で1つヒントになることは、自分の中にある「良い悪い」という概念を捨て去ることです

私は若かりしころ、相田みつを先生にかわいがっていただきました。ご自宅にも行きました。

相田先生には、武井哲応老師という、自分の師と仰ぐ方がおられた。哲応老師に、「老師様、私はとても気が弱いんですが、何とか気が強くなれませんか」と相談に行くと、「気が強いのがよくて、弱いのは悪いと誰が決めたんだい。弱いは弱いなりの生き方があるだろう」と言われて、大きく悟られて、「ああ、そうなんだ。つまずいたっていいじゃないか、人間だもの」ができていくんですね。そうなんだ、トマトはトマトでいいんだと、世界中のどれだけ多くの人たちが影響を受けたかわからないですね。

そのように芸術的な生き方をすることを永遠の生き方と言います。いいとこ取りの人生ではなくて、いいとか悪いとかではなくて、強いときは楽しむ、弱いときは味わう、実に芸術的な人生をあなたが生きてみるのもいいんじゃないですか。

少しヒントになりましたか。

写し鏡と引きこもりの娘

質問者B　今、娘が16歳で、学校に行かないとなって、1カ月半くらい家にいます。これはどうしたものか。自分の目の前に来る人は自分の中の写し鏡だということの理屈は知っているんだけれども、子どもが家にこもって何もしていないという状態を見たときに、ものすごく感情が動く。外に出て運動しなさいとか、何か見つけなさいと言いたくなるのと闘っている状態なんです。

福田　その状態は、ｙｏｕメッセージをあなたが使っているんですね。自分の気持ちを正直に表現するＩメッセージを使ってみませんか。ｙｏｕメッセージとＩメッセージは、例えば一生懸命本を読んでいたら、息子が大きな音で音楽をひびかせて歩いてくる。そこで息子に向かって、「静かにしなさい」と言うのをｙｏｕメッセージと言うんですね。「あなた、うるさい」というメッセージですね。Ｉメッセージは、「ちょっとちょっと、お母さんね、これ、明日返さなきゃいけない本を一生懸命読んでいるんだけど、あなたがそんなに大きな音を出していたら、何行も何行も同じところを読むのよ。何とかしてくれない？」と正直に自分の気持ちを表す。これをＩメッセージと言います。

登校拒否の娘さんの気持ちよりも、彼女は学校に行くべきだと思いつつどんな言葉を発しても、彼女には非常に責められているように伝わるのです。

では、もう一回聞きますよ。写し鏡だという言葉を使われました。あなた自身は今、いかがですか。

質問者Ｂ　超が付くほど忙しいです。

福田　はい。もっとグローバルに考えて。私がとっても忙しいから、私にかわって娘は休んでくれてるのね、ありがとうと。この「ありがとう」のエネルギーなんですよ。

私はかつて、講演のときにとても眠くなったことがあったんです。そうしたら一番後ろの３人連れの奥様たちがウトウトと寝始めた。すると、私はとても元気になって、しっかり目がさえました。「そんなことありませんよ」とみんなに言われるけど、私はそういうのがあるのね。

そして面白いのが、ウトウト寝た３人の方が、帰りに、わざわざ一番後ろから私の目の前に来て何とおっしゃったと思いますか。

「先生、今日は本当にいい話で」（笑）。「あなたたち、寝てなかった？」と思わず言いそうになりました。脳がアルファー波状態で聞いて、それがいい話に聞こえたのかもしれませんね。

そのとき気づいたのです。

「ああ、そうだったんだ。私の細胞が私にかわって寝てくれている」というのがわかったんです。講演の中で客席の誰かが眠り始めたとしても私はちっとも気になりません。

つまり、あなたと娘という境界線を外してみると陰陽関係が成り立っているかもしれません。不完全なものを不完全なまま、抱え込む力が人間の度量ですからね。特に親は子どもによって育てられるんです。
親という字を書いてください。立つと書いて、下が木でしょう。木の上に立って、見ていると書いているじゃないですか。だから、おおらかに、穏やか……。縄文の心ですね。そういうゆるーい感じ。
緩い感じで一番理想的なのは「ありがとう」なんですよ。感謝されるということは、立ち上がれるということなんです。親から責められているということは、立ち上がる杖がないのね。

質問者Ｂ　私のかわりに休んでくれてありがとうという気持ち……。

福田　これはあくまでも例えばの話です。意識の持っていき方だから、それはあなた節《ぶし》で構わないんです。そういう見方もありますよというヒントになれば……。

子どもというのは、母子線と言って、特に母と子の線がつながっていますから、ピンとくるこないが強いんです。お母さんは今、私を責めようとしているなということとか、あなた以上に早く感じているはずです。それをおおらかに、「気にしてないの、お母さん」「いや、気にしているどころか、お母さんもどんどん忙しくなるから、あなたが私の分まで休んでくれているみたいでありがとう」なんて言われようものなら、「そろそろ私、学校に行ってみようかしら」と言い出すかもしれない。

相手と自分という境界線をつくらないで、今の環境というのは一くくりなのです。追えば逃げるでしょう。恋愛と一緒ですね。

質問者Ｂ　なるほど。大変参考になりました。ありがとうございます。

PART 2
認知症の母との最期のレッスン お母さんありがとう

山田雅人さんを迎えて

福田　今日はこの会場に私の自慢のご夫妻が来てくださっています。そろそろご紹介したいんですけど、いいですか。

彼は、ある独自の世界を生み出して、大注目！　大ブレーク寸前で大変忙しいタレントさんです。ご紹介しましょう。山田雅人さん。『渡る世間は鬼ばかり』でもおなじみの俳優さんですが、その前は関西の芸人さんとしてご存じの方もおられるでしょう。

実は彼は、10年前に自分自身のある天命に出会いました。その10年前というのは、彼にとってゼロの年でした。ゼロの年というのは、一般的にはよく天中殺とか殺界とか言われますね。厄年ともいわれますが、厄年は何かのお役目につく年なんです。三次元的なエネルギーは最弱のときですが、これは天と一番近づく未来の種が見つかる年でもあります。

山田雅人さんは、ゼロの年に「語り」という世界に出会います。

最初は長嶋茂雄さんから始まり、1年に10人ずつ、10年間で１００人の語りを完成。一人ひとりを一から取材して、漫談でもない、ひとり芝居でもない、コントでもない、独自の「山田雅人かたりの世界」を創り出していくんです。そして今では一人の人物を通して、その活き活きとした生き様を語る話芸の天才と言われるようになり、感動の輪が広がっています。

実は、山田さんの奥様が私の講演を聴いてくださったことがきっかけでしたが、山田雅人ご夫妻は、私が運命好転学を始めたときの最初のお客様でもあります。私の自慢の友人なので、せっかくですから、登壇していただきましょう、いかがでしょうか（拍手）。

山田　私が山田雅人でございます。福田先生のおかげで、そういうふうにおっしゃっていただくので、非常に勇気をいただいております。福田先生、どうもありがとうございます。

僕の語りの舞台によく先生が……。

著者と山田雅人氏

福田　奥様は私の講演を追っかけして下さいますが、私は雅人さんの追っかけなんです（笑）。

山田　広島の舞台にも来ていただきましたし、九州でも、今度は宮崎で語りをやるんですけれども、来ていただきまして、本当にありがとうございます。

僕は、「渡る世間は鬼ばかり」に出ていまして、板前さんの役をやっておりました。板前の役といいますと、無口な役なので、今しゃべると、あなたはそんなにしゃべれたのというイメージがあります。ですから、得をしています。無口な役をやったおかげで、あまりおもしろくなくても、おもしろいと思っていただけるんですね。

橋田壽賀子さんは静岡県の熱海で、畑で大根をつくっていらっしゃるんです。「おしん」というＮＨＫの連続テレビ小説で、子ども時代に奉公に出たおしんが大根飯を食べて大ヒットした。だから、ご自分も、その感謝の意味を込めて、大根をつくっていらっしゃる。

その大根を僕の家に毎週送ってくるんです、４本、できるたびに。

「目をつむってもかつらむきできるようになりなさい」と手紙に書いてあるんです。

それで僕は、目をつむってもできるように練習しました。そしたら、また、手紙が来たんです。手紙にこう書いてあったんです。「山田雅人さんへ　橋田壽賀子より　目指せ、

大根役者」（笑）

それでもいいのかなと思ってやっていたら、石井ふく子先生が「いいのよ、大根役者で。大根役者というのは、橋田先生が言ったのは、『だいこん』の『こん』は魂なのよ。この大魂役者になりなさい」。ということで僕は、かつらむきが目をつむってもできるようになりました。そしたら、それをテレビで橋田壽賀子さんが見てた。どんなせりふのときも僕は下を向かないんです。指が怖いといって下を向くと、顔が映らない。それで僕はずっと下を向かなかったんです。それを見て、「あの子は指を怖がってない。あの子、ずっと使ってちょうだい」ということで、12年使ってくれたんです。２５０本。藤岡琢也さんの後ろで、36歳から48歳まで。

そしたら、人のせりふを覚えるわけです。橋田壽賀子さんの脚本はつまり戯曲です。読んでいるだけで涙が出る脚本です。日本一の脚本家です。それを丸暗記しました、２５０本。そしたら、脚本の書き方を覚えたんです。それで今の語りが生まれたんです。

ですから、無駄がないというか、僕が手を抜いてやっていたら、今の僕はないです。でも、あのとき、ひたむきに、一生懸命やったことがつながりました。それで、語りという舞台ができるようになりました。その舞台を福田先生が見に来られまして……。

福田　純真無垢な舞台。

山田　そう、歌舞伎の、子役の、「とと様」という。

福田　自ら取材をされて、さまざまな人物を語られる。まず、泣きます。まず、腹から笑います。泣いて笑って、まあ〜最高のエンターティナーです。

素直の初段

山田　「松下幸之助物語」というのを先日つくったんですけどね。その取材のときにいろんなエピソードを聞きました。松下幸之助さんの口癖が、「笑いなはれ」「笑顔はただ」だったそうです。

福田　はい、それが笑顔です。元手いらずの利益は広大。与えても減らず、与えられた者は豊かになります。

山田　おうどん食べても200円300円。水でも今110円取られるんですよ。でも人に会ったときに自分が笑ったら、ただで人をいい気持ちにさせられる。だからみなさんも、笑顔で。今からしゃべるときに、少々面白くなくても笑ってください（会場笑）。

福田　そうです、そうです。笑う「顔」には福が来るんですよ。

山田　松下幸之助先生の一番お好きな言葉は「素直」なんだそうです。松下幸之助さんが亡くなる寸前に、「わしはまだ素直が初段や」と言ったそうです。あれだけの、94歳の松下幸之助さんでも、人と会ったときに、最初、うーんと疑ったり、信用しなかったりした。だから初段なんだと。3段とかじゃないんだそうです。人間の素直な心って、ものすごく難しいんですって。松下幸之助さんで初段ですから、僕らも何とか初段を目指しているんですけどね。

福田　そうですね。じょうだんになるくらいに（笑、拍手）。
どう生きるかというのは、自分の自由ですから。

超個性派家族に生まれた宿命

福田　雅人さんすごく滑舌がいいでしょ。この滑舌は、競馬中継から養われたんですよね。

山田　そうですね。小学校のときから競馬中継をやっていまして、それで学校のお楽しみ会で、嫌いな先生とか教頭先生とか落馬させたり。そういうのでいつも笑いをとって優勝していました。

福田　それもこれも、素養は、ユニークなお父さんから。

山田　うちの父が競馬が大好きで、僕が物心つく前から、毎週競馬場に連れていくんですね。母が怒るわけですよ。そしたら、父が母と僕に言うんです。「今から雅人と動物園に行ってくる」（笑）。当時の僕の絵日記はほとんどが、今日は３番の馬が強かったとか、今日は白い馬が強かったとか、そういう絵日記だったんです。

福田　それで、しまいには競馬場でアルバイトして。

山田　毎週おやじに競馬場に連れていかれていましたから、競馬場に違和感がなかったんですよ。それで、僕は大学生のときに、自分の学費を稼ぐために、親に内緒で、京都競馬場で警備員のアルバイトをやっていたんです。

そしたら、目の前でうちの母親が家計を助けるために、家族に内緒で馬券を売る仕事をしていたんです（笑）。母親が僕に「雅人、アルバイト頑張れよ」と手を振っているんですよ、窓口あけて。僕も「お母ちゃん、頑張って馬券売れよ」。そしたら、僕と母親の真ん中を、家族に内緒でうちのおやじが馬券買いに来るんです（笑）。

それで母親が怒って、窓口をガーッとあけて、「私ら、働いてるのに、あんた、父ちゃんか」と指差した。そしたら、うちの父親が新聞で顔隠して、「違う」と（笑）。こういう家族です。

福田　この山田雅人の光の源は、実はご両親であったということがわかります。

人は「天命」と「宿命」というものが生まれた日で決まっています。これは、人生の縦糸になります。「運命好転学」ではこれをみなさまにお渡ししていますが、特に「宿命」というのは、どの土地のどのお父さんお母さんから生まれたかということなんですね。

「私は父を許せません」と言えば、縦糸が定まっていない状態です。

これでは横糸を織ることはできない。横糸とは、命を運ぶと書いて「運命」と言います。つまり宿命を否定していたら、運命は１ミリも動かないのです。アルコール依存症のお父さんであれ、暴力を振るう人であれ、「その両親を選んで生まれてきた私」というその縦糸がしっかり組まれたときに、横糸が動き出す。

山田雅人さんは、お父さんがとてもユニーク。世の常識からははみ出したような人だったようですが、そのことを決して憂うことなく、すべてを「笑い」や「愛」で受け止め自分の人生に活かす能力をお持ちです。

「いとしき体いとしき命」と読めるかどうか

ここに、好転術が要るのです。

例えば、絶体絶命の境地にあったときに、ある人がこう読んだんですね。

「いとしき体、いとしい命」と。だから、自分がどう意識づけていくかですね。

絶体絶命

⇩

糸色体《いとしきからだ》　糸色命《いとしきいのち》

「万象有益化変換思考」をお勧めしたいんです。

難しそうな言い方をしていますが、要はモツ鍋のことです。モツ鍋はホルモンというでしょう。なぜホルモンというかといったら、「ほうるもん」という意味なんです。捨てるものという意味ですね。その役に立たない、ほうられたものを拾い上げて味つけして、博多名物にして全国版にしたのがモツ鍋なんです。これが万象有益化変換思考。

出会いによって全てを有益にしていこうというエネルギー、これが魂のスタミナにつながることだと思うのです。

このように転換して生きていこうというのが、運命好転学の骨子なんですね。その実践者が、山田雅人という人、魂のスタミナが半端ない方なんです。

山田　僕はなんの意識もなく無意識に生きているんですけど、それが無意識に好転学になっているわけですね。

福田　なっています。その源流にお父さまとお母さまがものすごい位置を占めていらっしゃるということです。

ではみなさま、何かご質問があれば雅人さんも一緒に、何でもお答えします。

やることなすこと文句をつける妻へ

質問者C　まさかヒカルランドで山田雅人さんにお会いできるとは。びっくりしました。夫婦が仲良くなる秘訣について教えていただきたいのです。

21歳の子どもがいるんですが、生まれたときから障害を持っていて、奥さんも苦労していると思うのです。その子どもの件とか、収入も厳しいこととか、いろいろ言われて。

山田　僕は、口に出すことですね。ご飯つくってもらったら、「おいしい」とか、「うわーっ、今日はうれしいな。うどんだ」とか、「うわーっ、今日は本当にうれしいわ。一緒におれて」とか、「うわっ、今日は一緒に映画に行けてうれしいな」とか。

福田　思ってなくても？

山田　いやいや、思って。もちろん（笑）。心で思っても伝わらないので、いつも口に出すようにしています。そうすると、家の中が楽しくなる。どうでしょうか。

質問者Ｃ　そうですね、参考になります。ただ、私のやること、なすこと、一々文句をつける。そうすると、こっちも切れてしまいますので。

山田　誰が文句つけるんですか。

質問者Ｃ　奥さんが、一々手を洗えだとか、早く電気消せだとか。

山田　手、洗えと言われたら、「うれしいわ、これで清潔になれるわ」とか、「電気、消して」「電気代、助かるな」とかね。どうすれば人が笑うかなということを考えながら生活すると、楽しいです。

質問者Ｃ　うちの奥さん、自分は電気を消さないんです（笑）。

山田　そういうときも、「僕がかわりに消しとこう」とか、口に出すと楽になりますよ。ためると、人間って、悲しいので。どうでしょうか。

質問者C　やってみます。

山田　いつも楽しいことを考えると、先生、おもしろいですよね。

福田　そうなんですよね。何でも繰り返すことで癖になりますから、楽しげに表現する癖をつけるためには、まず言葉がけですね。

それから、奥様との関係の前に、自分の気分は自分で面倒見てあげましょう。自分の気分を盛り上げるようなこととか、自分自身のあり方をフォローしてあげる。

だから、「ああ、また女房にこんなことを言ってしまったな。ダメだダメだ」じゃなくて、「あっ、また言ってしまった。ボクちゃんって、かわいい」（笑）、まずこのフォローが大事なんですよ。

山田　絶対そう。

福田　落ち込まないでその3倍、奥さんにユニークさを届けていくんだというバネにするんですね。

これは逆のパターンですけど、すごく考え込みやすいご主人を持った奥様のお話です。ある日、ご主人が食事も要らないと言いそうなほど深刻な様子だったので、そっと寄っていって、

「もしもしカメよカメさんよ」と歌いかけるのです。

「何だ、うるさい」と一言。

更に「♫好きなんだけど」とまた歌で返します。

二人のリズム感が全く違う。語彙《ごい》の強いものと、やわらかいものが繰り返されたとき、

「あなた、食前に温かい言葉あげましょうか」

「なんだ、その温かい言葉って？」

「言いますよ、温かい言葉。前菜ですよ、お湯（OH　YOU）」（笑）

あまりのアホらしさに、ご主人、気が抜けたという話です。

だから、リズム感を外すのはいいと思いますよ。

認知症の母との最期のレッスン

福田　雅人さん、お母さんもリズム外してくれますよね。

山田　僕の母は今認知症にかかっているんですよ。

福田　私たちには共通点がありまして、それが、認知症の母の介護です。

お父さんの話の後は、お母さんです。

山田　昔のことはよく覚えているんですよ。それこそ馬券を引き換えた話とか、よく覚えているんですけど、5分前の話とか30分前のことを忘れちゃうんです。

福田　そうなんです。その認知症の世話というのは、ある意味では最後の菩薩行だと思うんですね。私も母の介護を8年間やりました。老人介護の経験がある方、この中にもいらっしゃいますか？　いらっしゃいますね。もう想像を絶しますよね。

山田　おむつですからね。僕は、認知の母との時間を楽しむようにしているんですよ。これはお芝居の練習だと。1分前のことを忘れていますから。

「今日、何食べたの？」「うどん」。それを新鮮に、

「今日、何食べたの？」「うどん」

「ほうー、今日、何食べたの？」「うどん」

これって、役者の練習になるんですよ。同じせりふをいかにさわやかに言うか。演技の練習をしていると思えば、腹も立たないわけですよ。

福田　そうですね。それ実は、私の母もありました。

8年間、夜中2回起きて、下《しも》の世話をしたんですけど、私の仕事の関係もあり、父が体

調を崩していたため老人ホームに預けることになりました。

私の父は人の悪口を一度も言ったことがなく、怒った姿を見たことのない大変穏やかな人でしたので、母もとても尊敬し、いつも「お父さんより先には死ねない」と言っていました。母を老人ホームに預けてほどなく父は亡くなりました。

その後ホームを訪ねたときの会話の中で、「お父さん、亡くなって……」と言うと、「えっ、お父さんが死んだ？」とそれはそれはびっくりします。

しかしすぐに忘れているようでまた「だから、お父さんが亡くなって……」と言うと「お父さんが死んだ！」とまたまた新鮮に驚くのです。

私もおかしくなって、「お父さんが死んで」「お父さんが死んだ？」同じセリフを幾度も繰り返す。その驚き方は実に見事でした。何より娘としては、父の死を悲しむより忘れてくれてホッと安堵いたしました。

山田　新鮮なんですよね、毎瞬が。これね、神に近づいているんですよ。新鮮なリアクションをできるっていうね。

福田　そう。今に生きている。

山田　だから年配の方っていうのは、教えてくれるんですよね。

福田　そう、私たち介護をしていると「同じことを何回も言う」ってイライラすることがありますが、逆なんです。「今に生きてますか？」と問うてくれている観音様なんですよ。だから、自分の持っている枠組みを外した方が幸せ。

山田　本当そうです。

福田　こんなこともありました。母がまだ家にいる頃、夜中2回おしめを替えますから、朝方お手伝いさんがいらしてくださる時間帯に集中して寝る癖があったんですね。

ある寒い日の朝「おばちゃんおはよう、お母さん大丈夫みたい？」って聞いたら、「はい、なんかガタっという音がしたけど、大丈夫だと思いますよ」と言われて、すぐに母の部屋を開けてみました。

母のベッドの隣には自分でも用が足せるように簡易トイレを置いていたんですが、ベッドからトイレに移ろうとして、お尻を出したまま間に挟まってガタガタガタガタ震えていました。それでもうびっくりして、お手伝いさんと一緒にストーブのそばまで連れて行って温めたんですね。

すると、お手伝いさんがしゃがんで母に真剣に下から見上げて謝るんです。

「ごめんね、おばあちゃん。私、気づかんで、ごめんね」

するとう、母が慈愛の目でそのお手伝いさんをじーっと見ている。

私は第三者的に位置して、涙が出そうになるんですよ。「あなたたち、私を放っておいて」と責めもせず、慈愛の目で見詰めている母。認知症の人とわかっていても、一生懸命真面目に謝ってるお手伝いさん。なんて美しい風景だろうとウルウルする寸前ですよ、母が一言何と言ったか。

「あんた、眉毛、書いとろう？」（笑）

つまり温かくなったら自分が震えていたことも忘れて、目を細めて謝っているお手伝いさんの眉毛が気になって気になってしようがなくて、じーっと見詰めていたのです。

山田　今に生きてる。

僕はね、徘徊について行くときは、５歩後ろを歩けと教わったんです。僕が前を歩くとダメなんですね。徘徊したらどこを歩くかというのをチェックするために歩かすんです。

福田　割と定期的に徘徊なさるの？

山田　はい、朝５時くらいから。だから５歩後ろからついて行って、好きな道を歩かせると、こう行ってあの角を曲がって帰ってくるんだとわかるんです。そうすると、今度迷子になったときに、捜しに行ける。なので、５歩後をついて行ったときに、年配だから躓《つまず》くんですよ。86歳ですから。それで躓いたときに、「ああ、大丈夫か⁉」言うて手を差し伸べたときにすごかったんですよ。朝5時からずっとつきあってるでしょ。ほな、僕の顔見ながら母親が「あんた髭そりゃ」って言うたんですよ（笑）。

福田　髭そる暇もないですものね。

山田　そうです。朝5時からつきあってるから髭そる暇がないわけですよ。母は気になったんでしょうね。

福田　母が心臓停止で救急車で運ばれた日、普通は入院するはずなのに、戻ってきたんです。すると翌日、コトコト杖の音がするから、びっくりして、

「お母さん、大丈夫？」と言ったら、きょとんとしている。

「昨日、病院に運ばれたんよ」

「おっ、私がね」

「心臓停止までしたんよ」

「考えもつかんね」と忘れているわけです。

「ところでお母さん、今は大丈夫なの？」と聞くと一声ノー天気に、

「わたしゃどっこもどーもない」と言ったんですね。

この3つのキーワードは、そのあと我々スタッフを救いました。

何か失敗したとき、「おっ、私がね」「考えもつかんね」「私はどっこもどーもない」と言って、会社で笑いネタになりました。


山田　どん底のときほど、笑うのがいいと思います。笑いにどう変えるか。

うちの母なんか、最後に僕に言いましたもの。何回も同じことをやっていたら、僕に認知の母が「あんた、同じことばかり言うね」（笑）。ほんまですよ。そんなことが現実に起こるんですよ。母が認知だ、悲しいと思うとダメだけど、おもしろいんだって。

だって、プライドは86歳ですけど、頭は2歳だと思えば、自分の子どもだと思えば、認知も怖くないんですよ。2歳の子のおむつ、かえられますから。プライドだけが85歳で、おむつも僕はかえています、2歳だと思って。この2歳、えらいしわくちゃなお尻だなと思いながら。地獄の底でも笑うって、大事。この間、母としりとりやっていたんですよ。

朝3時半に来たんで、僕、もう眠たいでしょ。

福田　お母さん、出かけたいのよね。

山田　3時半から徘徊したいわけです。かばん持って、「雅人」と。僕は何とか寝たいから、しりとりしようと思って。相手が考える間は寝られるじゃないですか。

僕は「メダカ」ばっかりなんです。「カメ」「メダカ」「カメ」、同じことを言うんですよ。1時間くらいたって、もう疲れて、「メン」と言ったんですよ。そしたら母が、認知の母がですよ、「あんた、ンついたから負け」。認知の母にしりとり負けたんですよ（笑）。ものすごくうれしくて。まだ脳が動いているんですよ。

だから、認知症になってダメだと思ったら悲しいけど、自分の親なんで、楽しもうという方向に持っていったら、大丈夫なんですよ。

福田 プラス発想の見事な練習台になりますね。

受けとめ方で笑いに持っていくということ、覚悟ですね。

山田 覚悟なんです。

福田 特に認知症とのやりとりは覚悟が要る。それまではイラつきますよね。

山田 でも僕は今、覚悟ができているんでね。悔いのないように、一瞬一瞬、どう笑いをあげようか。彼女に、幸せの瞬間を、笑いの瞬間を何回あげられるかということに、今、命をかけているんですよ。

さっきご質問してくださったお父さん、奥様は全然認知でもないし、楽しいじゃないですか。おむつもかえなくていいし。笑いにかえていきはったら、毎日幸せになると思いま

僕は今、覚悟ができているんです。
悔いのないように、一瞬一瞬、
どう笑いをあげよか。
母に幸せの瞬間、笑いの瞬間を
何回あげられるかということに
命をかけているんです。

す。

福田　目の前の厄介な人は、宇宙意識に目覚めるための在日宇宙人だと思えばまさにアセンションのための相手ですよね。

山田　物の考え方で、先生のおっしゃった、絶体絶命を……

福田　いとしき体、いとしき命、

山田　と読めるかの違いだと思います。

福田　現象は同じでも、受けとめ方は、覚悟すれば、こんなに楽しい世界はこの世にないと思います。

山田　ここまでやるとね、悔いが残らないんですよ。先生が言われた「暗い」という文字をどう見るかというのと同じで、なんでも明るい方、明るい方と解釈していけばいい。親が認知になったと落ち込むんじゃなくて、これは学ばしてもらっているんだと。

福田　**その積極性、二歩も三歩も前をいった積極性を、魂のスタミナというんです。**

この魂のスタミナをつけるのにありがたかったのが、認知症の母の介護だったのではとそんな気がしています。

それともう1つは、仲間ですよね。自分一人でずっとやっていたら、不安になるかもしれない。でも、「あるある、私も同じだったのよ」なんて、ちょっとシェアしただけで、また顔晴ろうという気になりますよね。

山田　なりますね。僕は将来、母の認知物語を語りにしたいんですよ。これはおもしろいと思います。

福田　お父さん物語も最高です。このときにはハンカチがいります。泣きません。笑い転げて涙がとまらない（笑）。あんなおかしいお父さんはいませんよね。

山田　うちの父の物語は僕の十八番《おはこ》ですね。とにかく、おもしろいです。父が亡くなってから、ショックで母は認知になったんですよ。人間て、不思議なもので、父のことが好きだったんでしょうね。話し相手がいなくなって。

福田　けんか相手とも言えるかな。

山田　母と父のおもしろいのは、母が競馬場の窓口に仕事に行くでしょう。父は母と一緒に電車に乗って行くんですよ。片や窓口、片や競馬なんですよ。その窓口に買いに行くんですよ。

電車の中でおカネをもらう交渉が始まるんです。一緒に乗っているでしょう。父は電車の中で、5000円欲しいと交渉するんです。「今日は6がええな」とか言うんです。

「何が6やねん。5にしとき」。欲しい金額の1000円上を言うんですよ。5欲しいときは6。「6」「5」「6」というのが電車の中に響き渡るんです（笑）。忠臣蔵の「山」「川」みたいなもので、それがおかしいんですよ。

福田 そのお父さんをみんなが愛した。

山田 うちの子どもが小さいとき、折り紙をしてもらうのに、馬券を買うマークシートでずっと折り鶴を折っていた。「おじいちゃんが、競馬の紙が折りやすいと言ったの」。足し算もマークシートで習っているんです。100円足す100円は200円。300円足す300円は600円いうて馬券買うマークシートを塗っている。うちの娘は、おやじからマークシートで計算を覚えて、センター試験が終わった後、大学のときに何と言ったか。「おじいちゃんのおかげでマークシート、ミスなし」（笑）

だから、無駄がないんですよ。「そんな子どもに競馬のマークシートで何してんねん」と注意していると、今の娘はなかったんですよ。おおらか。

ご質問いただいたお父さん、どうでしたか。ちょっとは楽になったでしょう。

質問者C ええ、参考になりました。

福田 雅人さん、ありがとうございました。

山田　ありがとうございました（拍手）。

私は幸せ

最後に、「私は幸せ」というお話をしますね。

新幹線の中でこの言葉に出会うきっかけがあったんですが、博多に帰るときに、きらっと光る奥様が目に入って気になりました。あっ、すてきだなと。よく見ると、その奥様のお隣の席が私でしたのでちょっとうれしくて、座りました。

20分ほど、無言状態です。それは私がお弁当を食べ続けた時間です。食後にコーヒーが欲しくて、車内販売が来たときに「すみません、コーヒーください！」と言うと、横の感じのいい奥様が「恐れ入りますが、私もコーヒーをいただけますか」。

第一印象がいい上に、また声が素敵なのです。

根がインタビュアーでしょう。「奥様、どちらからおいでですか」、もうインタビューに入っておりましたね。その方は千葉にお住まいで、ご主人が広島支店長として、当時単身赴任しておりますため、主人の世話に参りますという、Ａさんという方でした。

あまりの奥様の美しさに、「どうしてそんなに笑顔がすてきなんですか」と、唐突な質問をしてしまいました。

どうしてすてきかと言われても、ちょっと答えにくいですよね。ところが、その奥様、見事でした。

「奥様、どうしてそんなに笑顔がすてきなんですか」

「まあ、ありがとうございます。とってもうれしいです。あなた様がそのようにおっしゃってくださるのであるならば、私の母の生き方が偉大でした」とおっしゃいました。

「お母様って、どんな生き方をされたのですか」

「私の母は一生涯を通じ、たった2つだけをやり抜いて大往生した人間なんですよ」

「2つのことって何ですか」

「1つは、朝起きて、大き目の鏡の前に立ち、にこっと笑顔で自分と約束を交わす。今日も1日、この笑顔で頑張りましょう、私さん」

もう1つは、1日何十回となく、それはそれはお念仏のように唱える口グセをお持ちでした。その口グセが「私は幸せ」。娘も息子もけんかがなく育ち、理想的といえる結婚をし、立派なお孫さんが全員に誕生。女性の生きざまとしてこれほど理想的なことはないと思います。それもそのはず、「私は幸せ、私は幸せ」と思い込んでいらっしゃるから、思ったような人生を自分で導き出していったのだと思うのですね。

普通、ご長男のお家にいますよという方が多いのに、そのおばあちゃんは、おじいちゃんが亡くなった後、娘と息子のお家を転々とめぐるのが老後の暮らしぶりだったそうです。

邪魔になるはずはありません。お舅《しゅうと》さん、お姑《しゅうとめ》さんもいらっしゃる大所帯の中とて、「待っていました、おばあちゃん。早く上がってください」、待たれていました。

そして、お人形さんの帽子か何か手づくりしながら、「ああ、私は幸せ」。つくりものがたくさん残ったそうです。自分から失礼しますと言わないのに、ちゃんと兄弟から電話がある。「もしもし、おばあちゃんがそちらに長いことらっしゃるようですが、そろそろうちに回ってはもらえませんかね」「はいはい」。望まれ歓迎されて転々と自分の娘と息子のお家をめぐるのが、老後の暮らしぶりだったそうです。

80歳の誕生日には、お電話をいただき、プレゼントもいっぱい届きましたが、この直後、入院です。親戚たちは、初めての入院にびっくりして連絡をとり合ったのです。

「えっ、おばあちゃんが入院？　大変」なんてことで、2日目、なんとベッドの周りは全国各地から親戚でいっぱいになり、おばあちゃんはとてもうれしそうでした。

「よう来たな。よう来たな。ああ、私は幸せ」スーッと旅立たれたそうです。最後の言葉が、「私は幸せ」。それだけでも目がウルウルしていたのに、次の話に涙がこぼれ落ちてしまいました。

息を引き取ったおばあちゃんのお顔がどんどん若くなり、ピンクになり、笑みを浮かべ、それはまるで観音様そっくりのお顔になったとき、全員が手を合わせ、

「ああ、おばあちゃんのような旅立ちをしたい。だからおばあちゃんのような生き方をするのが、私ども親戚一同の願いでございます」。本当に感動しました。

この言葉を全国に伝えていこうと、それ以来ずっと、このお話をしています。

幸せになりたいと言い続けて幸せを、今ここに実現した人は未だかつて一人もいません。人生は「今ここ」の連続でしかありません。幸せになりたいと言えば、幸せはいつも未来に預けられ、今が幸せという掛け替えのない一瞬に気づくことができません。

今こそ、ここここそドンピシャリ！

ありがとうございますという感謝の心があふれ出るから……「私は幸せ」なのです。

「私は幸せ」という言葉をどうぞ言葉の花束として、最後に持って帰ってください。

「私はしあわせ地蔵」
馬越正八作　笑顔共和国オリジナル

たこ焼きポーンでうっかり幸せに咲く笑顔

そして、おまけとして笑顔のコツも持って帰っていただきましょう。

最後に皆さん、笑顔の実践編です。

何をやるにも「コツ」がありますね。このコツとコツを組み合わせて生きることを私は「コツコツ生きる」と思っているのです。

笑顔のコツは、目でもなく、口でもなく、実は間《ま》なんですね。

その人だけが笑顔ならいいのではなくて、人と人との間に咲く花が笑顔なんです。

顔のパーツの中でも、目と口に意識をやり過ぎると、引きつったりしますので、ほっぺたにだけ意識を持っていってください。目にも口にも意識をやらずに、ほっぺたをつまむと、たこ焼きみたいになるでしょう。焼き上がったとき、どうしますか。ポンと出しますね。そのように、この丸いほっぺたを前に突き出す感じでギュッと縮めると、目が下に、口が上に行きますすね。これでたこ焼きポン。

もう1回、いきます。たこ焼きポーン。

たこ焼きポンの笑顔で、言葉の花束、「私は幸せ」を持ってお帰りいただければなと思っています。

今日はまことにありがとうございました（拍手）。

福田純子 YouTube
「うっかり幸せチャンネル」より

幸せを呼ぶ５つの愛言葉で
うっかり幸せ！の巻

幸せを呼ぶ5つの愛言葉

1、私は幸せ

2、ありがたいことです

3、これは素晴らしい

4、良いことをしてくれました

5、よかった、よかった

「幸せを呼ぶ5つの愛言葉」を使うだけで
生活の中にたくさんの笑顔が満ちてきます。
5つの愛言葉にはパフォーマンスもついています。
福田純子 YouTube「うっかり幸せチャンネル」の
動画でご紹介しています。ぜひご覧ください。

おわりに　―「すべてはある」から始まる弥勒の世―

自分のエネルギーが落ちているときに、
エネルギーの強い人が目の前に現れると……
「いっぱいもらいたい。なんとか自分も恩恵に与《あずか》ろう」とする気持ちになります。
エネルギーのある人が現れたときこそ、たとえ残り僅かでも、
安心して自分の持てるエネルギーを出し切りましょう！

エネルギーには、呼吸と同じ原理が働いています。
呼吸は、吐くことがスタートです。
出すことで、そのゼロの空間に新しい空気が自然と入ってきます。
私たちは、空気はいつでも自由に手に入ることを知っています。
だからこそ、循環することをまったく疑わず、安心して吐くことができます。

「手放す」とは、なくなってしまうことではありません。
もし、何かを欲しいと思ってそれを取りに行くのなら、
「自分にはそれはない」と宇宙に宣言していることになります。
言い換えればそれは、常にあふれんばかりにあるという、
満たされた〝絶対の安心感〟をどこかに忘れてしまっているのです。

人は皆素晴らしい光、素晴らしいエネルギーを持っています。
ただその引き出し方を忘れているだけなのです。
すべては、あなたの思い通り。
自分の思い以上にも以下にもなりません。
あなたがもし思い通りにいかないと思っていれば、
「思い通りにならない」と思ったとおりの世界が目の前に実現するのです。
あなたの思い通りを世界は見せてくれています。

すべては、ある。という安心感の中で、ゆっくりと呼吸をしてみましょう。

「ある」という前提のあなたは、与えて受け取る人としてこの世界を生きることになります。

二元性を超えていくとは、
「取ったら増える」「分けたら減る」という分離の世界からの飛翔です。

笑顔は、分かち合えば分かち合うほど、両者に増えるもの。
感謝は、分かち合えば分かち合うほど、世界に増えるもの。
愛は、分かち合えば分かち合うほど、時空を超えて増えるものです。

自分とは「自らを分け与える」こと。
弥勒の世とは、分ければ増える世界。
分けたときに増えるものを分かち合うとき、
人は魂の底から本当の喜びに包まれるのです。
それは、ミロクの響きとなって真実永遠の世界に通じていくことでしょう。

おわりに

今回弥勒の本をリクエストして下さいましたヒカルランド石井健資社長、みづほ夫人。
弥勒意識覚醒講座を受講して自ら編集をかって出て下さった小塙友加さん。
この3人のお光に導かれて、ここに『ミロクの響き』が完成しました。
制作中は、まるでひだまりの中にいる様な楽しい日々でした。
この温もりのエネルギーが皆さんに伝わります事を願ってやみません。
ヒカルランドの皆さん本当に有難うございます。
ミロクアーティストの萩原貞行さん、
話芸の天才山田雅人さん、有難うございます。
そしてここまでお読み下さいました読者の皆さん、本当に有難うございました。

２０２０年１月22日

福田純子

萩原貞行　はぎはら さだゆき

ミロクアーティスト

「カフェ&ギャラリー風雷坊主ミロク」庭掃除係・代表

1954年生まれ。

約５年間の闘病生活を経て22歳の時に

絵かきとして生きていく事を決意、

以後笑いながらの開き直り人生で現在に至る。

1981〜83年 絵を描きながら日本の原風景を旅する。

1984年 渡中米

1985〜90年 ニューヨークで約５年間創作活動

経済優先の社会に疑問を持ち中米、中国などの古代遺跡を

訪ね世界の聖なる色と形の研究を続け独自のプロジェクト

を企画する。

東京、パリ、ニューヨークなど国内外で舞台美術、展覧会

など多数。

ミッション

「光輝く作品を創り、新しい世界を照らす事」

HP：HAGIHARA SADAYUKI のお仕事

　hagihara-sadayuki.com

Café & Gallery 風雷坊主ミロク

　https://www.miroku369kiseki.com

Facebook.com/furaibouzu.cafe.gallery369

山田雅人　やまだ まさと
22歳でお笑い芸人としてデビュー。

タレント活動の他、俳優としても活躍する。

1998年から TBS 系ドラマ「渡る世間は鬼ばかり」に板前役で出演。

競馬好きな父の影響で名レースを語る話芸がきっかけとなり、人物を取材しつくる独自のスタイル「山田雅人かたりの世界」を確立。

その情熱的・圧倒的な語りの世界に魅せられたファンが全国に急増中。

「山田雅人かたりの世界」
落語でも漫談でも一人芝居でもない
マイク一本とスポットライト一つの話芸。
スポーツ選手・映画・人物・名勝負など取材を重ね、奇跡ドラマ、人間ドラマの感動を語る。

〈語り歴〉
江夏の21球の死投　松井秀喜物語　高橋尚子物語
オグリキャップ伝説　テンポイント物語
チャップリン　寅さん　藤山寛美物語
忠臣蔵　武市と龍馬　松下幸之助物語　他　多数

2012年　NHK ラジオ「ナイスゲーム～言葉で伝えるスポーツ名勝負」NHK 総局長賞特賞受賞
2015年　ＮＨＫセンター局長賞受賞

ABC ラジオ「ドッキリ！ハッキリ！三代澤康司です」火曜日パートナーで出演中
著書『長嶋茂雄物語　かたり取材記』（晋遊舎）発売中

福田純子　ふくだ じゅんこ

エッセイスト。笑顔共和国大統領。
新易学「運命好転学」鑑定師。
フリーアナウンサーとして司会、
番組キャスター等で15年間活躍後、
著書『笑顔があれば』（中経出版）のベストセラーを機に、
1987年福田純子オフィス設立。現（株）one スマイル。

エッセイストとして執筆を通し、
笑顔の意識改革を提唱。
同年、文化団体『笑顔共和国』を建国し、
大統領として「笑顔の種まき運動」を世界中に展開。
それらの活動は講演、セミナー、
コメンテーターを中心に多岐にわたる。
また、「たった一人の笑顔から 世界は一つの笑顔まで」を
コンセプトに運命好転学・四季メソッドを開発し、
弥勒意識覚醒講座を全国に展開。
2015年、長年にわたる笑顔活動に対して『東久邇宮文化褒章』受賞。

著書に『笑顔の教科書』『だからいつも、あなたのそばにいるよ』（あさ出版）
「ヤマトごころ、復活！」（新日本文芸協会）
「『大丈夫！』は幸せになる魔法の言葉」「笑顔で、生きる」
「幸せな気持ちになる不思議な本」「笑顔は人生に効くクスリです」「人はつまずいた数だけ優しくなれる」「笑顔は地球語」「笑顔があれば」（中経出版）
「コズミックスマイル」（たま出版）
「うっかりしあわせになる本」「笑顔の日めくり」「倖せの日めくり」「笑顔の種」「笑顔の取り扱い説明書」（スマイルプロデュース事務局）他多数。

公式サイト：「株式会社 one スマイル」
http://fjo.egao-kyowakoku.co.jp

ミロクの響き

第一刷　2020年2月22日

著者　福田純子

発行人　石井健資
発行所　株式会社ヒカルランド
〒162-0821　東京都新宿区津久戸町3-11　TH1ビル6F
電話　03-6265-0852　ファックス　03-6265-0853
http://www.hikaruland.co.jp　info@hikaruland.co.jp
振替　00180-8-496587
本文・カバー・製本　中央精版印刷株式会社
DTP　株式会社キャップス
編集担当　小塙友加

ISBN978-4-86471-838-7

同じデータを手にとっても、
自分を規制する方に解釈して使うのか、
人生を味わい尽くすために活用するのか、
その読み解き方で大きな違いが生まれます。
「人生の羅針盤」をどのように読み解き運命を好転させていくのか、たっぷり２時間マンツーマンでお伝えします。

この個人鑑定は、
誕生前に自分が設計してきた波を知り、
運命を自由自在に描きながら
人生を操縦していくためのセッションです。
宇宙の中の自分自身のチャージされた陰陽の波を理解して
自分の望む命の運びを創造していく道にお役立てください。

福田純子先生の「運命好転学・コズミックリーディング個人鑑定」

日時：2020年３月４日（水）、４月９日（木）、４月10日（金）
（以降、不定期開催）
料金：56,700円（１枠２時間）
【オプション】ご家族様の鑑定書の追加作成も受付けます。
オプション料金：追加鑑定１名様につき１万円
会場＆申し込み：ヒカルランドパーク
※開催枠など詳細は HP にてご確認ください。

ヒカルランドパーク
JR 飯田橋駅東口または地下鉄 B１出口（徒歩10分弱）
住所：東京都新宿区津久戸町3－11 飯田橋 TH１ビル 7F
電話：03－5225－2671（平日10時－17時）
メール：info@hikarulandpark.jp　URL：http://hikarulandpark.jp/
Twitter アカウント：@hikarulandpark
ホームページからも予約＆購入できます。

神楽坂♥《ハート》散歩
ヒカルランドパーク

『運命好転学　コズミックリーディング　個人鑑定』

福田純子先生の新易学「運命好転学」
２時間の個人鑑定です。
この個人鑑定で手にしていただけるのが、
生まれる前に設定してきた
「人生の羅針盤」と名付けられた
一生分のデータです。

「人は何年何月何日の誕生の際に一生のプログラムを立てて生まれます。
それを『**封印された自己申告書**』と名付けていますが、
自らの計画書を知らないまま生きている人が余りにも多い。
その封印を解き、どう読み解くかということをお伝えするのが
「運命好転学」です」

決めて生まれてくるのは、人生の縦糸の部分です。
縦糸とは、魂の四季の巡りである**「天命」**、
そしてどのご両親、土地に生まれるかという「**宿命**」。
人は自らこの２つを決めて生まれてくるのです。
そこには**人生物語の起承転結**が書かれています。

この縦糸にそって横糸である「運命」を織り込んでいきます。
「運命＝命を運ぶ」こと。どのような生き方をするのか、その色や柄はお好きに決めていいのです。

そして2時間の個人セッションの時間で
お申し込みされた方のお悩みや質問、移転、転職、結婚、離婚など
人生のターニングポイントとなるイベントについて、
「人生の羅針盤」を見ながら、生き方を好転させる「好転術」が伝授されていきます。

平和の水を普及させるためにシャンタンさんの活動は続く

シャンタンさんは平和の水を用いて「200万人の祈りの水で美しい平和な星・地球を蘇らせるプロジェクト」を実行しています。

この水を地球規模で拡げていくことで、地球の浄化、人類の次元上昇、平和で理想的なミロクの世界を築くエネルギーへとなります。争いや汚染のない希望あふれる地球が蘇ることを願うすべての方に届きますように——。

平和の水
■2,000円（税込）

●内容量：約25mℓ
●原材料：植物性発酵エタノール（無水）、純金箔
※エネルギーが逃げるため、容器は絶対に空けないでください。 ※高温の場所、直射日光、火気を避けて保管ください。
※飲用ではありません。

聖なる波動水「平和の水」の持ち歩きに！
神聖な麻でつくられた専用水入れ

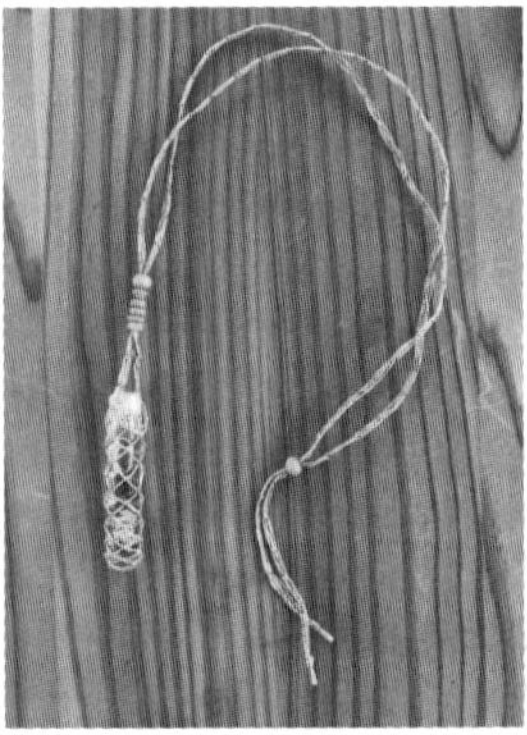

麻の手編み平和の水入れ
■3,700円（税込）

●サイズ：長さ約50cm
●素材：麻